農村×都市＝ナリワイ

日本のクリエイティブ・クラス

小田切徳美
藤山　浩
伊藤洋志
尾野寛明
髙木千歩
企画：特定非営利活動法人
中山間地域フォーラム

農文協

はじめに

本書は、「地方創生」の最大の論点である「しごとの創生」をめぐって開催された、２０１５年10月４日の特定非営利活動法人中山間地域フォーラム主催のシンポジウム「どう創る、中山間地域の『しごと』——地方創生の実践」の記録に加筆したものです。政府の「まち・ひと・しごと創生総合戦略」（２０１４年12月）は、「しごとの創生」について「若い世代が安心して働ける『相応の賃金、安定した雇用形態、やりがいのあるしごと』という『雇用の質』を重視した取組が重要」としていますが、このシンポジウムで論じられた「しごと」は「雇用」に限定されたものではありません。

シンポジウムでは明治大学農学部教授の小田切徳美氏が、２０１４年11月の「まち・ひと・しごと創生法」（地方創生法）で、「ひと」については「地域社会を担う多様な人材の確保」、「しごと」については「地域における魅力ある多様な就業の機会の創出」とされていたにもかかわらず、12月の総合戦略では「『ひと』は人材育成の面が結果的には軽視され、人口が強く意識されるようになったのではないか」、「『しごと』は多様な側面が軽視されているのではないか」と指摘し、「しごとの創生」の多様性を示す言葉として「『就業』という当たり前の言葉、新しい『起業』という言葉、それに加えて『継業』という言葉もある」「たとえば農山村の商店、あるいは農山村の農林業関連産業といったところに継業の可能性がある」と述べました。続いて島根県中山間地域研究センター研究統括監の藤山浩氏が、「人口と所得の1%取戻し戦略」と、「小規模・分散」の中山間地域での「しごと」のあり方として、たとえば農業で0・7人、福祉や交通で0・3人、合せて1・0人といった「合わせ技」で「しごと」をつくり直し、取り戻す組織・拠点の必要性を訴えました。

そして農山村と都市を結んで活動する伊藤洋志氏、尾野寛明氏、髙木千歩氏の3人の若者による報告は、まさしく「起業」「継業」「合わせ技」による「しごとの創生」そのもの。それを受けたパネルディスカッションで大阪市立大学大学院創造都市研究科准教授の松永桂子氏は、仕事に楽しみが必要だと考え、柔軟な働き方を選ぶ「クリエイティブ・クラス」と呼ばれる人びとが先進国で増えていることを紹介し、「日本が決定的に欧米と違うと感じるのは、その人たちが都市にいるのではなく、農山村、中山間地域にいるということが最大の特徴」であり、3人は「日本のクリエイティブ・クラスを代表する方たちだと思いました」とコメント、小田切氏は「その新しいクラスは、農山村に親和性を持つ、あるいは都市と農山村をシームレスに考えるといった特徴を持っています。このシンポジウムが、ひょっとしたら本邦で初めてそこに切り込んだのかもしれません」と述べました。

「地方創生をブームに終わらせず、ブームからムーブメントに変えていく」(小田切氏)ためにも、本書をご活用いただけたら幸いです。

2016年8月　農山漁村文化協会編集局

目次

はじめに　農文協編集局……1

シンポジウム［解題］

「しごとづくり」と農山村再生

明治大学農学部教授・特定非営利活動法人
中山間地域フォーラム理事　小田切徳美

I　2014年シンポ「はじまった田園回帰」をふり返る
「消滅論」のレッテル貼りへの対抗軸として……8
対抗軸の構図……9

II　「地方創生」と「しごと」
地方創生法における「しごと」の位置づけ……10
地域みがき、地域づくりの枠組みと重なる「まち」「ひと」「しごと」……11
地方創生法と総合戦略の相違……12

III　何が論点か——四つの問題局面
「しごと」をめぐる論点……13
「しごと」の魅力をめぐって……14
「しごと」の多様性をめぐって……15
「しごと」の創生をめぐって……16
「まち」「ひと」「しごと」の一体的取り組み……18
本シンポジウムの構成……19
「地方創生」をブームからムーブメントへ……19

基調報告

地元にしごとを取り戻す
——誰に・どれだけ・どうやって・何のため

島根県中山間地域研究センター研究統括監・
島根県立大学連携大学院教授　藤山　浩

I　「田園回帰1％戦略」とは？
続く島根の田園回帰……24
進化版・地域人口ビジョン
シミュレーションシステム……28

Ⅱ　どれだけ――重要な家計分析
――暮らしの設計と取戻しの原点
中山間地域家計調査から……29
田舎暮らし設計シミュレーションと所得の1％取戻し……30
現在は比較優位が成り立たないほど移輸入超……34
Ⅲ　どうやって――地域内経済循環
1、地域内経済循環――地域内乗数効果とは？……37
LM3（地域内乗数スリー）で測る……37
2、合わせ技の組織・拠点をつくる……43
縦割りの規模の経済ではなく、横つながりのヤマタノオロチ型で……43
小規模分散の暮らしを支える「小さな拠点」……46
小規模多彩な中山間地域の豊かさを近くの地方都市に届ける……48
Ⅳ　何のため――自然と暮らしの多角形
ひとり勝ちを許さない生態系に学ぶ社会技術を……52
食、福祉、アート＆クラフトの3分野から……55

特別報告

イキナリ・ナリワイ・フルサトをつくる

「ナリワイ」代表　伊藤洋志

仕事を自給する仕事……58
仕事を通して体と頭が鍛えられる……60
分野はさまざま、規模もさまざま……61
稼ぐための仕事をつくる前に、まず支出を減らす……63
「過程を共有する仲間」が増えた……65
生活を充実させながら少ない元手で仕事をつくる基本作戦……67
どんどん支出を減らせばどんどん仕事になる……72
あるものを生かす編集者の仕事……77
ナリワイは非高度経済成長型の家計運営……81
床張りは現代社会の必須教養……83
「仕事と生活の調和」は世界的なテーマ……86
◆その後の私――「180万円で住居をつくる」プロジェクト計画……88

実践報告1

過疎地×古本屋×障がい者支援 過疎とたたかう古書店と「自分ごと」
——無理しない地域づくり

有限会社エコカレッジ代表取締役・NPO法人てごねっと石見副理事長　尾野寛明

父の死をきっかけに大学入学早々学生起業……92
過疎とたたかい、過疎地の強みを生かす……93
日本最安？　1万円のビルと店舗……96
障がい者雇用と古本は相性がいい……98
耕作放棄地、獣害対策——過疎地の困りごとを解決する障がい者就労支援……99
地域自主組織×訪問看護ステーション×就労支援事業所で運営する世代間交流施設……104
中間支援組織の担い手を育てる「起業しないでもいい講座」……106
かけ算で考える「魅力的な仕事づくり」……107
◆その後の私——名実ともに4代目紙屋書店オーナーに……110

実践報告2

地域おこし協力隊から地産池消レストラン「ALE beer & pizza」を開くまで

株式会社ＹＥＬＬ取締役　髙木千歩

祖父母の地に「孫ターン」……114
十日町市というところ……116
なぜ、十日町市だったのか……118
先輩隊員と「食と農を考える飛渡の会」立ち上げ……121
地元食材でつくるアメリカンカジュアル……123
「やりがいのある仕事」とは？……125
これからのこと、これからの夢……127
◆その後の私——「ゲストハウスハチャネ」と地ビールへの挑戦……128

パネルディスカッション

農山村、中山間地域に現れてきた日本の「クリエイティブ・クラス」

コーディネーター　小田切徳美
コメンテーター　大阪市立大学大学院創造都市研究科准教授　松永桂子
パネリスト　藤山　浩／伊藤洋志／尾野寛明／髙木千歩

これまでとは質の異なる人材の受け皿となる中山間地域 …… 132
新しい人間像は農山村に親和性を持っているか？ …… 137
グローバリズムの現場はたいしたことはなかった …… 139
小さなナリワイをつくりたい気持ちの底にあるもの …… 141
都市と農村、遊びと仕事 …… 143
マイノリティーかマジョリティーか …… 144

Q&A

地域が住んでみたい、貢献したい場所に変わる瞬間とは？ …… 146
行政の変化、行政への希望は？ …… 149
結節点となる人材はどうするのか？ …… 153
地域おこし協力隊任期終了後の起業について …… 155
稼ぎと遊びの見きわめは？ …… 158
日本のクリエイティブ・クラスは農山村、中山間地域に …… 160

まとめ

論点整理――新しい人間像、仕事、社会の選択肢、中間支援について …… 162

解題・報告者紹介 …… 165

シンポジウム「解題」

「しごとづくり」と農山村再生

明治大学農学部教授・特定非営利活動法人　中山間地域フォーラム理事
小田切徳美

Ⅰ　2014年シンポ「はじまった田園回帰」をふり返る

「消滅論」のレッテル貼りへの対抗軸として

まず、昨年（2014年）の本シンポジウムを少しふり返りたいと思います。昨年は「はじまった田園回帰―『市町村消滅論』を批判する」というタイトルで、7月13日に開催いたしました。日本創成会議の提言、いわゆる「増田レポート」が公表されたのが5月8日で、その2カ月後のことでした。そして、本日と同様、島根県中山間地域研究センターの藤山浩さんが「中国山地における『田園回帰』」というタイトルで基調報告をされ、創成会議の一方的な「消滅論」のレッテル貼りに対して、その対抗軸を「田園回帰」として対置しました。

そのシンポジウムは全国43県から350人以上が参加し、満席でした。有名な町長さんがキャンセル待ちのために外で並ばれていたのには驚きました。（笑）中国山地を中心とした現場発のリアルな議論と質疑によって大変盛り上がり、多くのマスコミでも報道され、本年（2015年）2月には農文協からブックレット『はじまった田園回帰』として発

小田切徳美氏

行されました。各方面に共感が広がったのだと思います。「田園回帰」という言葉は、本年5月の『食料・農業・農村白書』、8月の『新国土形成計画』にも使われています。いずれも閣議決定文書であり、こうした動きを政府が認識したという重みも生まれてきました。

対抗軸の構図

その対抗軸とは何だったのでしょうか。それを論じるためには、地方消滅論の本質を見る必要があります。簡単に申し上げれば、日本創成会議をはじめとする地方消滅論は、作成にかかわった方々の一部には霞ヶ関の現職やOBがおり、これをきっかけに国の仕組みを大きく変えたいといういわば「制度リセット」を主張したかったようです。それは、あたかも「マッチポンプ」です。自ら火をつけて、その大きなインパクトにより、今までできなかった政策を導入する。

その流れの中に、「農村たたみ」とも言える政策もありました。たとえば小中学校の統合を促進しようとする動きは明らかにそのように作用しています。その最大の問題は、農山村住民に諦観、諦めを生み出してしまったことでした。

しかし、地方消滅の予想を受容せず、むしろ農山村再生、あるいは住民の当事者意識づくりに向け、地方消滅の予想に屈せず、地域づくりを進めるという動きがありました。これこそが対抗軸です。そして、田園回帰はその延長線上に現れています。この点は、後にふれてみたいと思います。

Ⅱ 「地方創生」と「しごと」

地方創生法における「しごと」の位置づけ

それでは今回のテーマ「どう創る、中山間地域の『しごと』——地方創生の実践」に関連して、「地方創生」と「しごと」についてお話させていただきます。昨年11月に「まち・ひと・しごと創生法」(地方創生法)という法律ができました。この法律をぜひごらんいただきたいと思います。かなり面白い法律です。地方創生とは、「まち」「ひと」「しごと」づくりを一体的に推進することだとその目的規定に書き込まれています。

それでは「まち」とは何なのか。「国民一人一人が夢や希望を持ち、潤いのある豊かな生活を安心して営むことができる地域社会の形成」と明確に書かれています。「まち」とは、たんなる町ではなく、「地域社会」と書かれています。「ひと」とは、「地域社会を担う個性豊かで多様な人材の確保」と書かれています。そして「しごと」とは、就業機会、すなわち「地域における魅力ある多様な就業の機会の創出」です。その位置づけと比重において、的確なものだろうと思います。

目的（第１条）
少子高齢化の進展に的確に対応し、人口の減少に歯止めをかけるとともに、東京圏への人口の過度の集中を是正し、それぞれの地域で住みよい環境を確保して、将来にわたって活力ある日本社会を維持していくために、まち・ひと・しごと創生（※）に関する施策を総合的かつ計画的に実施する。 ※まち・ひと・しごと創生:以下を一体的に推進すること。 まち…国民一人一人が夢や希望を持ち、潤いのある豊かな生活を安心して営める地域社会の形成 ひと…地域社会を担う個性豊かで多様な人材の確保 しごと…地域における魅力ある多様な就業の機会の創出

図1　まち・ひと・しごと創生法の目的

地域みがき、地域づくりの枠組みと重なる「まち」「ひと」「しごと」

創生本部がつくった資料が図1です。これと現場の地域みがき、地域づくりの枠組みが重なり合うという事実を指摘してみたいと思います。

たとえば鳥取県の智頭町をはじめとして全国の地域づくりの現場では、暮らしのものさしをつくる主体づくり、当事者意識づくりが行なわれてきました。ワークショップ、地元学によって、暮らしのものさしをつくり上げていく。これと「ひと」が重なります。その暮らしのものさしによってコミュニティをつくる、コミュニティを再編していくという動きは「まち」に重なります。最終的に新しい価値を上乗せし、地域みがき、地域づくりを行なうわけですが、それを持続的なものにするために、カネとその循環づくり、地域循環的な経済構造をつくる。それは「しごと」と重なるという流れがあると思います。そういう意味では、現場で行なわれている地域みがき、地域づくりが、地方創生では「まち」「ひと」「しごと」という一見奇妙な言葉で表現されたのだと思います。

地方創生法と総合戦略の相違

とはいうものの、じつはこの地方創生法と、その後12月につくられた総合戦略には大きな差異があるというのが私の認識です。残念ながら、ある意味アベノミクスの文脈の中でこの地方創生法が解釈され、「ひと」は人材育成の側面が結果的には軽視され、人口が強く意識されるようになったのではないか。それは、人口を問題とする「地方消滅論」により、地方創生が仕掛けられたことによる必然だったのかもしれません。そして「しごと」は多様な側面が軽視されているのではないか。「まち」の本質としてのコミュニティづくりの側面が弱くなったのではないか。ここでは詳細を論じることはできませんが、地方創生法と総合戦略のこの格差、乖離を私たちはおおいに問題にしてみたいと思います。

いずれにしても、これは地方創生法という法律が、時代の文脈、すなわち成長、あるいはそのもとである人口の維持という中で解釈されています。逆に言えば、地方創生法に立ち戻れば、私たちは地域の展望に結びつける素材を得ることができるのではないかと思います。

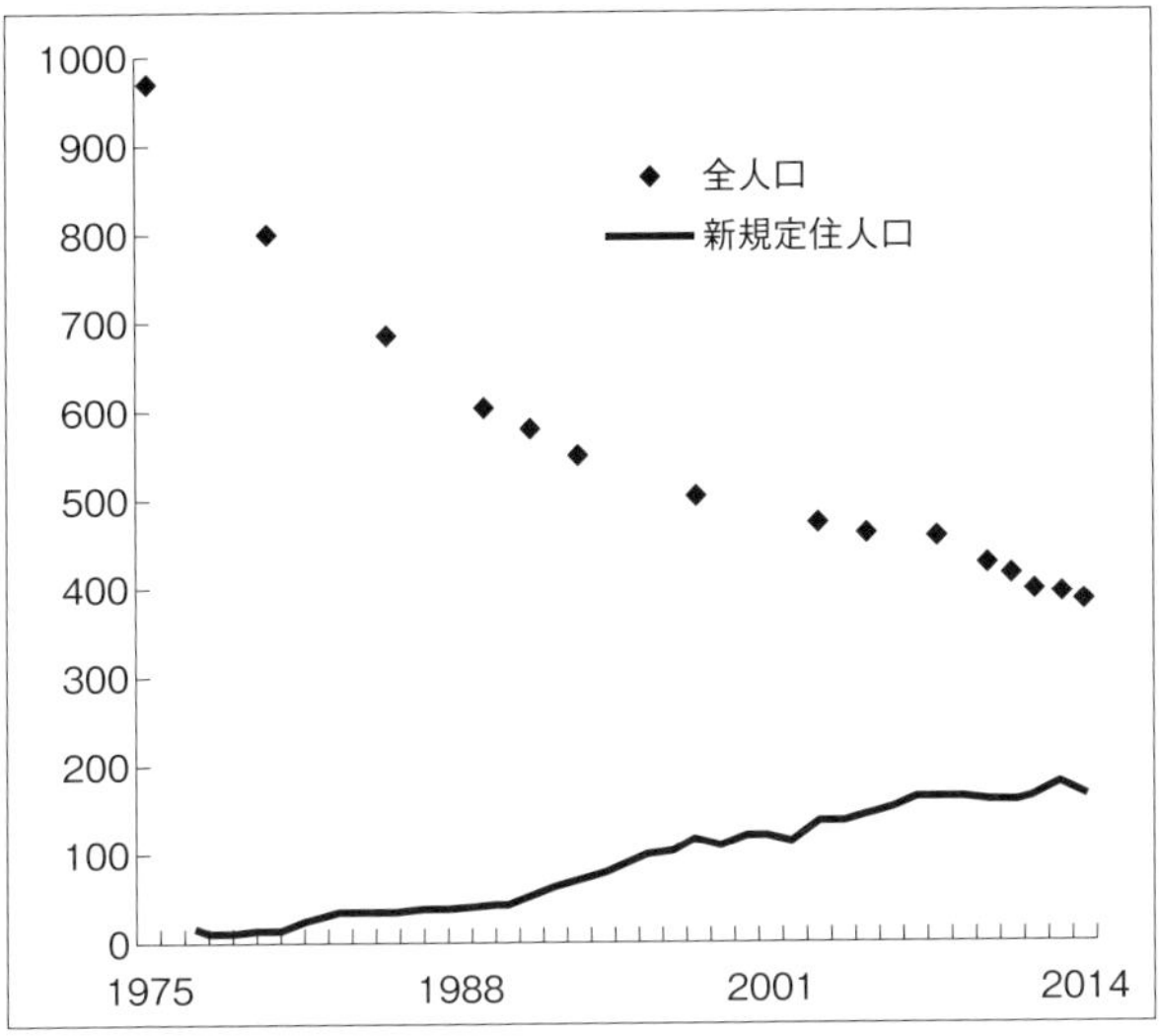

図2　那智勝浦町（和歌山県）色川地区の人口および新規定住人口の推移

Ⅲ　何が論点か
——四つの問題局面

「しごと」をめぐる論点

その意味で、本日は「しごと」をめぐる論点がまさに議論になるわけですが、これを地方創生法の条文に当てはめて言えば、「地域における魅力ある多様な就業の機会の創出」、そして、地方創生とは、「まち」「ひと」「しごと」を一体的に推進することです。これを因数分解してみれば、①「魅力」とは、誰にとって、どのようなものであるのか、また、②多様とは、どのようなものであるのか、③創出とは、どこから、どのように創出するのか、そして、④「まち」「ひと」との一体性は確保されているのか――こんなことが論点として生まれてくるのではないかと思っています。

「しごと」の魅力をめぐって

これらの四つの論点を具体的に見ていきたいと思います。一つは、「しごと」の魅力はいったいどこにあるのかということです。前回の「田園回帰」からの示唆ということになりますが、2週間前に和歌山県那智勝浦町の色川地区をお訪ねしました。図2のように全人口がほかの過疎市町村と同様に減少していく一方で、新規定住人口は増えている。いまや地区全体296人中の45％が移住者です。地区のリーダーの原和男さんはしばしば次のように発言されます。

「若者が本当にその地域を好きになったら、仕事は自分で探したり、つくり出したりする。その地域にとって、まずは地域を磨き、魅力的にすることが重要だ。『仕事がない』と言う前にやるべきことがあるのではないか」

原さんは、そもそも「人が人を呼び込むのだ」ということを強調しています。「しごと」が「ひと」を呼び込むのではなく、「ひと」が、そして地域が「ひと」を呼び込むのだと。そういう意味では、この「しごと」の魅力をどう考えたらいいのか、地域再生を論じるわれわれは意外とここについてしっ

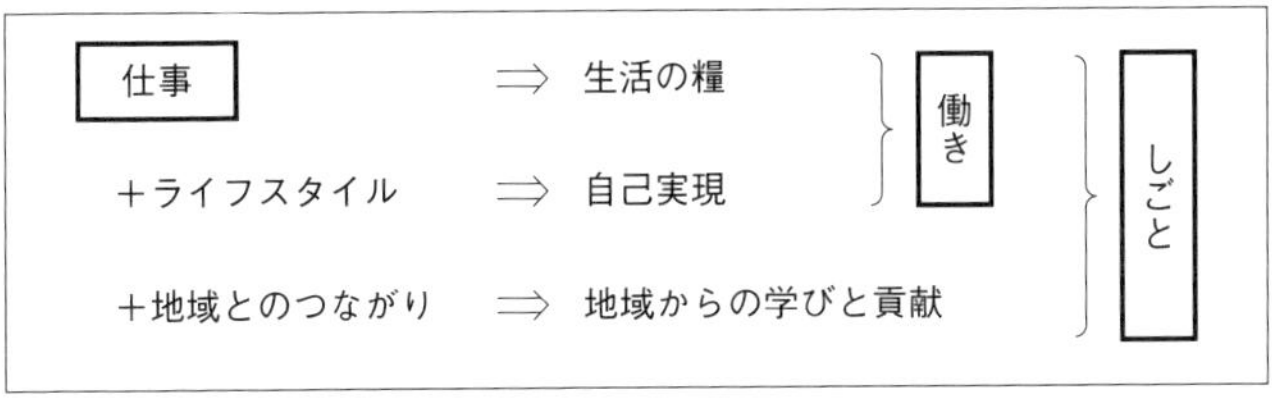

図3　「しごと」の3局面＝所得源＋ライフスタイル＋地域

かりと考えてこなかった可能性があります。「しごと」の魅力とは所得なのか、あるいは自己実現なのか、こんなことが今日のシンポジウムでは論点になるだろうと思います。

「しごと」の多様性をめぐって

「しごと」の多様性をめぐっても同様の議論ができます。そもそもなぜひらがななのか。この点について、創生本部参事官の溝口洋さんは、〝「しごと」であれば何でもいいというわけではなく、相応の対価が支払われ、安心してやりがいを持って働くことができ、家庭や地域も大事にできるという意味を持たせようとしている〟と解説しています。その意味では、多様な「しごと」ということを意識しています。

あえてこれを図3のように3局面に分ければ、生活の糧としての仕事が文字どおり狭義の「仕事」です。一方、それに自己実現、あるいはライフスタイルを入れたものを、ここでは「働き」というふうに仮置きしてみたいと思います。それに加えて、地域とのつながりや学び、逆に地域に貢献するということを含めた最広義がひらがなの「しごと」と言えるかもしれない。あるいは、のちほど登壇する伊藤洋志さんは、これを「ナリワイ」と呼んでいます。いずれにしても、「しごと」の広がりをどのように意識するのか。これが今日の大きな論点の一つだと思います。

「しごと」の創生をめぐって

そして、「しごと」の創生をめぐっては、次の二つの議論が可能です。まず『田園回帰1%戦略』の藤山さんの理論はいまや国民的な課題となり始めています。地方創生の源泉としての自給（「取戻し」）という戦略は間違いなく正しい戦略だと思います。

しかし、その典型例として6次産業を見てみると、次の論点が出てきます。「食料・農業・農村白書」の少し古いデータですが、産業連関表を使って、食用農水産物の金額と最終食料消費支出の差を見ております。図4のように1990年に51兆円だったものが、5

	食用農水産物			最終食料消費支出（②）	②－①	②/①（倍）
	国内農水産業	生鮮輸入	小計（①）			
1990年	14.1	3.0	17.1	68.1	51.0	4.0
1995年	13.0	3.2	16.2	80.4	64.2	5.0
2000年	12.1	3.2	15.3	80.3	65.0	5.2
2005年	9.4	1.2	10.6	73.6	63.0	6.9

図4　食用農水産物と最終食料消費支出のギャップ（単位：兆円）

年後には64兆円になり、そして横ばいで、２００５年には――これは最新数字ですが――63兆円に減少しています。この63兆円をどのように農家、農村、地域に取り戻すのかが、まさに取戻し戦略であるわけです。

しかし、注意しなければならないのは、このパイ、つまりこの差額自体は増えていないということです。私の恩師である今村奈良臣先生が、「６次産業」という言葉を１９９４年につくりました。この差額が51兆円から64兆円に、わずか5年間で13兆円も伸びたときに必然的にできた言葉と言えます。パイが拡大する際にそれをいかに取り戻すのかは当然の論点と思いますが、問題は、パイが縮小しているときはたして取戻しができるのかどうかです。この取戻しにはかなりの戦略が必要になると思います。そういう意味では、藤山先生の取戻し戦略にはかなり詳細な戦略が用意されていますし、本日のご報告でもその点にふれていただくことになると思います。

もう一つの創生の源泉として、「継業」ということにふれてみたいと思います。鳥取大学の筒井一伸さんによると、「就業」という当たり前の言葉、新しい「起業」という言葉、それに加えて「継業」という言葉もあるということです。このようにパイが縮小する時代において、需要の減少が要因ではなく、むしろ供給側の事業の継続ができないような、たとえば農山村の商店、あるいは農山村の農林業関連産業といったところに継業の可能性があるということです。実際、つぶさに見れば、農山村にはたくさんの継業の可能性があります。その源泉を具体的にイメージすることが、今必要とされていると思います。

「まち」「ひと」「しごと」の一体的取り組み

最後の論点ですが、先ほど申し上げたように、「まち」「ひと」「しごと」を一体的に進めることがはたして行なわれているかどうか。「しごと」と「ひと」の関係でいえば、「しごと」をつくり出す人材づくりが必要になります。「しごと」と「まち」の関係でいえば、「しごと」を支える地域コミュニティづくりが必要になります。そのためには、率直に申し上げて、地方自治体の役割にはかなりの限界があるという認識を持つべきだと思います。その意味で、地方創生で言われる「産官学金労言」といわれる存在は、その限界を埋めるために必要なものであって、よくありがちなガス抜き的な「懇談会」ではないはずです。しかし、現実に今行なわれていることは、これらの方々を全員で約30名も懇談会に呼んで、1人1回、2～3分だけ発言を許されるものが少なくありません。しかし、こんな形式的で失礼なことはありません。必要なのは、いかに地域の中でNPO、コミュニティ、企業、大学、金融機関などの連携をつくり出していくのか――これこそが、「産官学金労言」の本質だと思います。つまり、地方創生の検討が地域で一体的なものとして、現実に行なわれているのか否か。まさに実践的な総括的な論点だと思います。

本シンポジウムの構成

これからシンポジウムが始まります。基調報告として、わが盟友の藤山先生に、取戻し戦略の実態・政策・展望を語っていただきます。先ほど申し上げたように、それは決してスローガン的なものではなく、現実に実践された戦略が詳細に報告されます。

そして、先ほども会長からありましたように、伊藤さんからは、「イキナリ・ナリワイ・フルサト」という新しい概念を私たちに新たに紹介していただきます。

さらに、魅力的な「しごと」づくりの源泉を見るということで、島根から尾野さんに、そして新潟から高木さんにお越しいただいています。パネルディスカッションでは、私が司会を務めさせていただきますが、そのコメンテーターには地域経済研究で活躍されている松永桂子先生にお越しいただいております。

「地方創生」をブームからムーブメントへ

最後に私からのメッセージを1点だけ申し上げます。地域の問題、地方の問題は、政治の問題と結

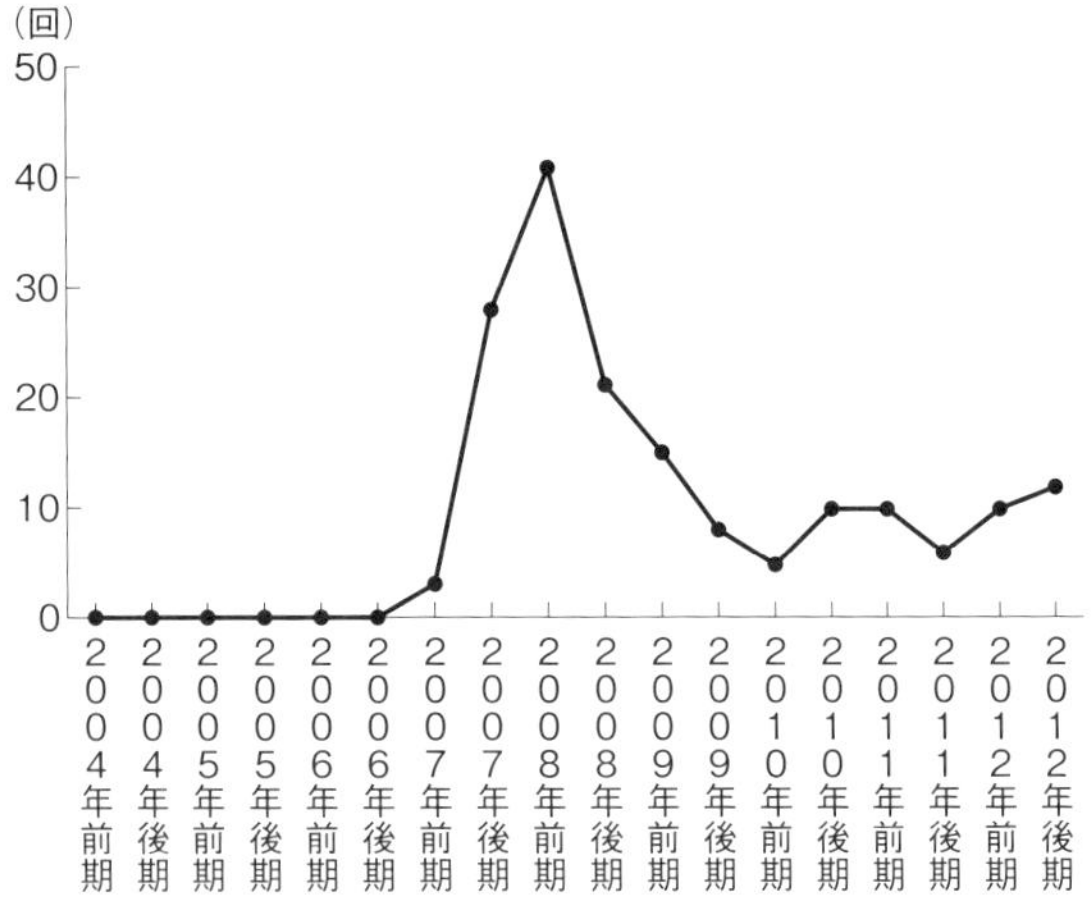

注：日本経済新聞（朝夕刊および地方経済面）の「日経テレコン」による本文・文字検索結果より作成。

図5　新聞紙上（日本経済新聞）における「限界集落」という言葉の登場頻度

びつきやすいという特徴があります。じつは第一次安倍内閣、つまり小泉内閣後の一時期も大きな課題となりました。当時は「地域再生」と言われていましたが、「日本経済新聞」のデータベースでその象徴とされた「限界集落」という言葉を検索し、それを年代順に並べたのが図5です。2007年前半から突然はね上がる。そして、2年を経ずして、あっという間に関心が終息してしまいました。つまり、前回の地域再生では、「限界集落」という言葉をはじめとするその関心は一種のブームで終わりました。

なぜブームだったのか。簡単です。参議院選挙がそこで行なわれたからです。

参院選における票目当てに地域再生が議論され、参院選が終わってしまったらいつの間にか関心が薄れてしまった。私がもっとも恐れているのは、5年後に若手研究者が同じように「地方創生」で検索したら、まったく同じグラフができるのではないかということです。（笑）「地方創生」という言葉のピークに代わり、「1億総活躍社会」という言葉のピークが生まれ、地方創生はそれに隠れて見えなくなってしまうということが決してないことを心より願います。（笑）つまり、地方創生をブームからムーブメントに変えていくことが必要です。ブームで終わらせてはいけません。この場がその確認と行動のスタートラインとなることを願って、このシンポジウムを始めたいと思います。（拍手）

基調報告

地元にしごとを取り戻す

――誰に・どれだけ・どうやって・何のため

島根県中山間地域研究センター研究統括監・島根県立大学連携大学院教授
藤山　浩

Ⅰ　「田園回帰1％戦略」とは？

今日は、「地元にしごとを取り戻す」というテーマで、具体的な仕事論についてみなさんとお話しできることを非常に楽しみにしてきました。「誰に・どれだけ・どうやって・何のため」ということを日ごろの現場での研究成果もふまえてお話ししたいと思います。

続く島根の田園回帰

藤山　浩氏

最初に申し上げなければいけないのが「続く島根の田園回帰」ということです。昨年（2014年）もこの場で、じつは「田舎の田舎」に次世代が増えているということを発表させていただきましたが、うれしいことに今年（2015年）もその勢いが続いています。最新分析でも、毎年1％ずつの定住の取戻しでOKだという結果が出ています。

図1は、この5年間の4歳以下の子どもの実数がどこで増えたかを示しています。3分の1を超える地区で増えていて、しかも山間部や離島

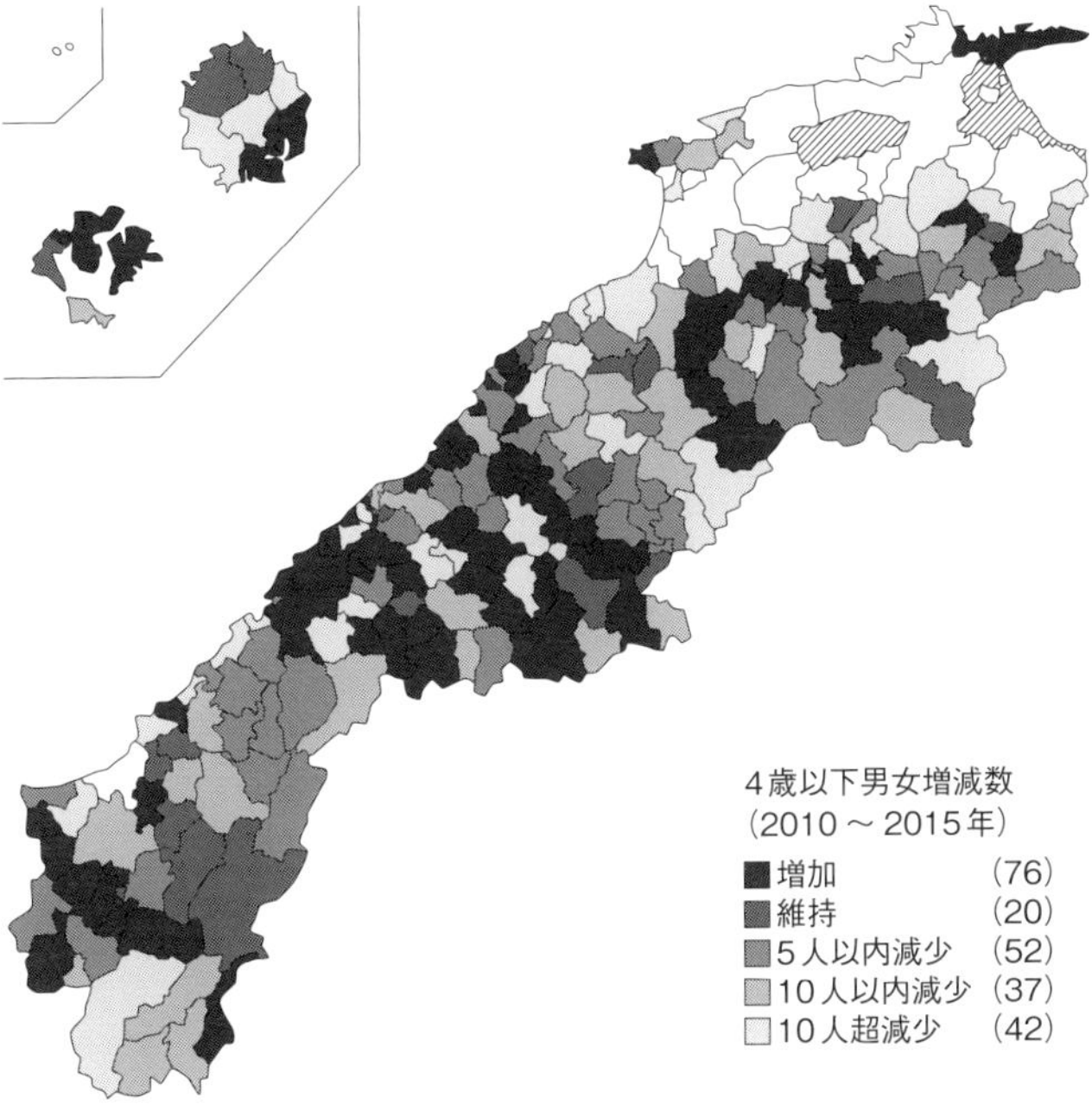

図1　島根県中山間地域における4歳以下の子どもの増減数（2010 ～ 2015年）

が非常に活発だという事実があります。

　図2は、30代の女性です。現在30代の女性は、5年前は25歳から34歳ですが、5年前のその年齢層と比較してみると、減っていない地域のほうが多い。4割を超える地区で増えていて、維持が23地区あり、計5割超です。私たちは、あらためてこの「地殻変動」をしっかり捉え直す必要があるのではないでしょうか。

　ただ、残念ながら、ここまで詳細にずっと追いかけている県

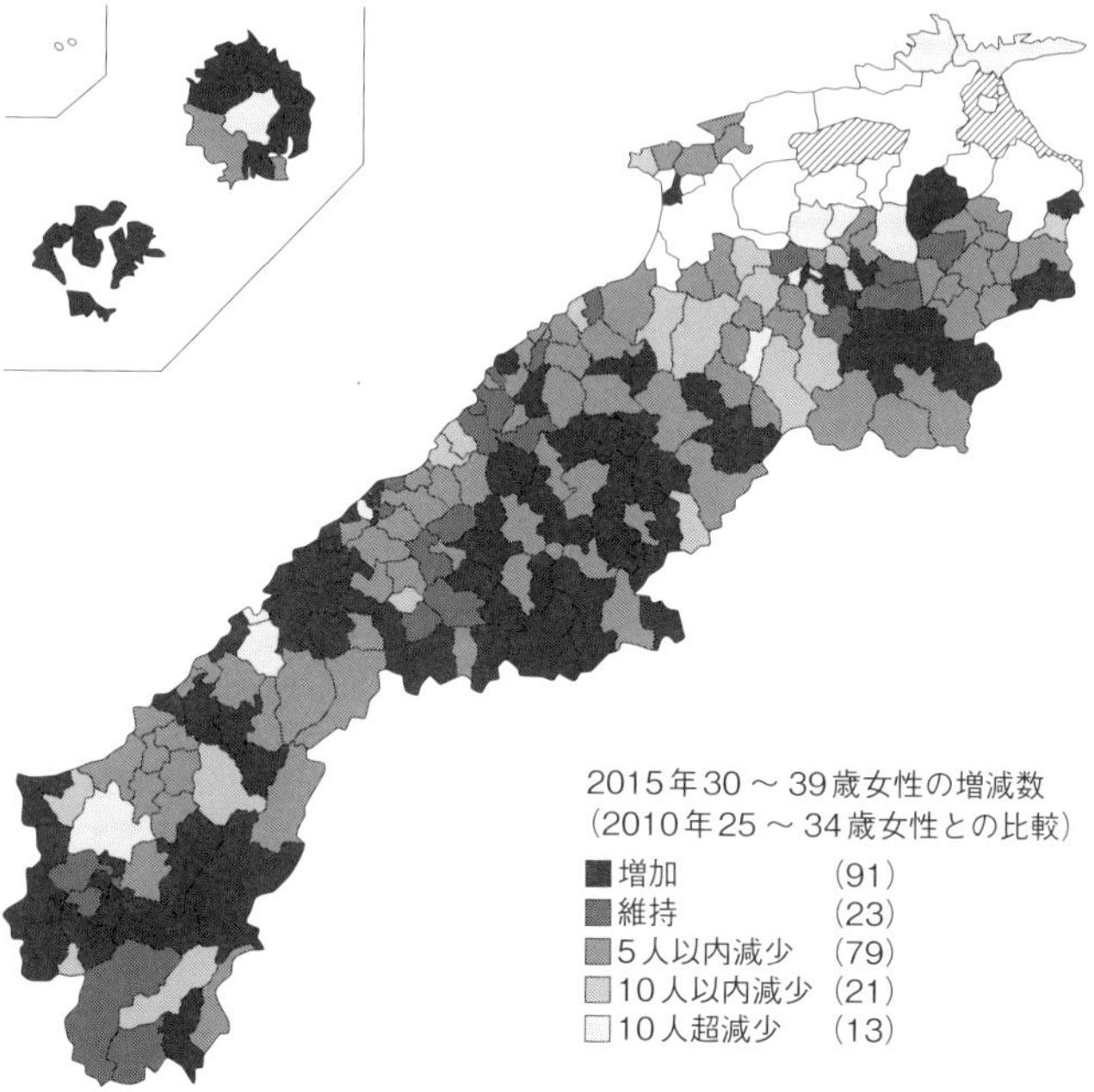

図2　島根県中山間地域における30代女性の増減数（2010～2015年）

はありません。ぜひこのような人口ビジョンを、市町村単位ではなく、小学校区、公民館区という基礎的な暮らしを支える一次生活圏で、より細かく調べていただきたいと思います。この地区単位は、島根県では郷（さと）と呼んでいますが、平均約1000人くらいの単位で捉え直すと、こういう違う絵柄が出てきます。

「このままでは地方が消滅する」などと、脅かして終わってはいけません。私が開発した人口予測プログラムでは、各世代

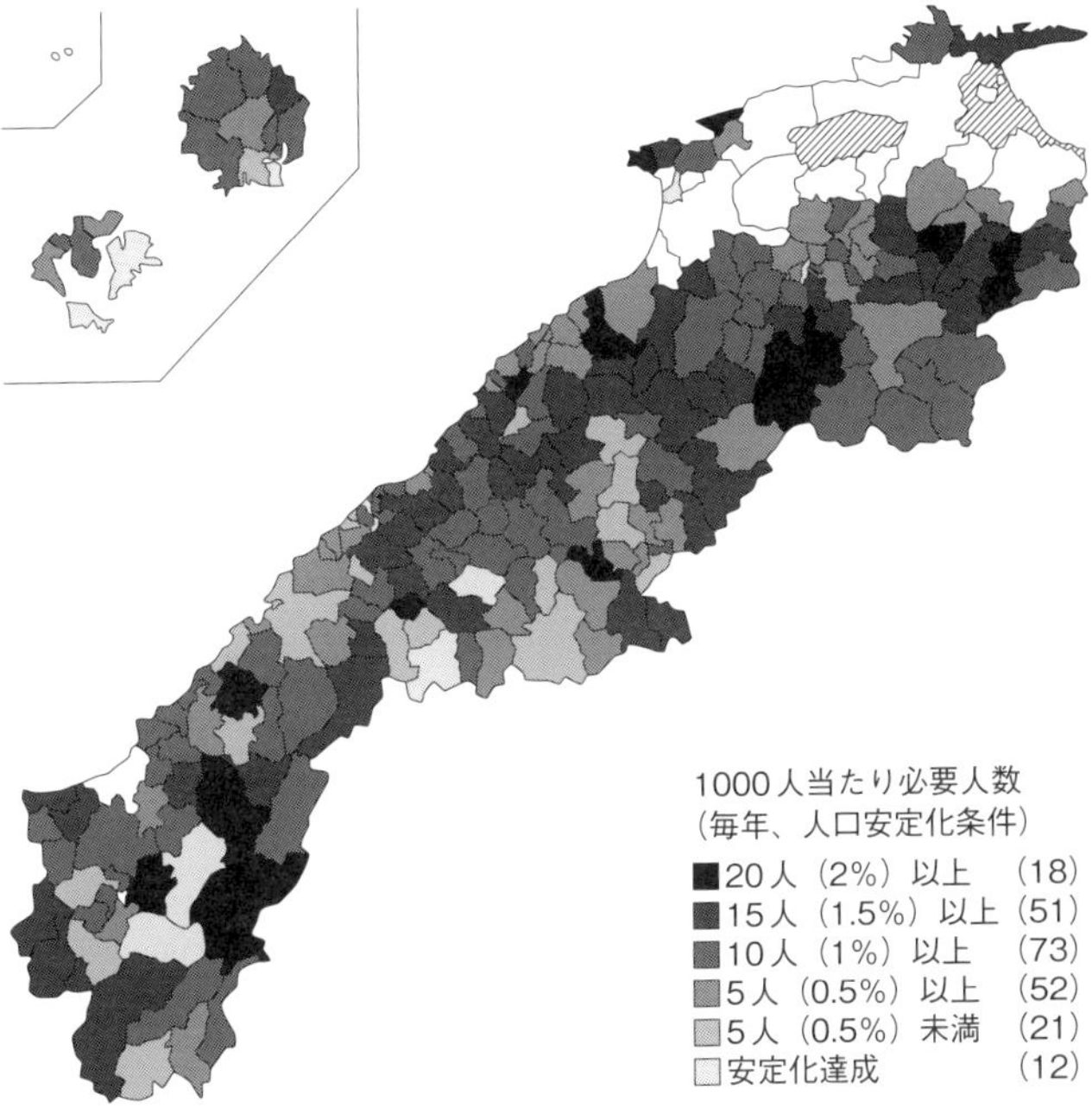

図3　島根県中山間地域における地域人口安定化に必要な定住増加人数

をあと何組多く取り戻したらいいのか、あるいは人口１０００人当たりだと何人多くかといった「処方箋」を全部出せるようにしています。島根県の中山間地域の人口は29万人と少しですが、合計して年間１２５１組、２９２０人、つまり地域人口の１％分の定住を増やせばすべての地区を安定化できるとシミュレーションしています。

図３のもっとも色の薄い地区（□）は、２０１０年から２０１５年にかけて人口安定化をすでに達成しています。邑南

町や益田市、海士町などの山間部や離島で、約5%の12地区が達成しています。あと一歩に迫っているのが、次に濃い色の地区（▒）です。すべての地区が目標数取り戻したとしても、合計して首都圏人口の1万分の1にすぎません。それほどまでに首都圏に人口を集中しすぎたということです。約40の地方の県が人口安定化を取り戻したとしても合計123人で、東京オリンピックができなくなるということはありません。ですから、遠慮なく、国全体としての人口バランスを回復させる戦略を始めていただきたいと思っています。

進化版・地域人口ビジョンシミュレーションシステム

私を中心に今年度新開発した、「進化版・地域人口ビジョンシミュレーションシステム」の特長は、①3世代の必要定住増に加えて、出生率向上、若年層流出防止の政策効果も組み合わせて総合的な人口ビジョンをサポートしていること、②定住増加の年代も自由に設定できること、③年代人口ゼロ等の特異値にも対応可であることで、すでに2005年〜2010年版のデータを全国の全市町村について入れています。本日ロビーで実演中ですので、ぜひお試しください。今年から、島根県だけでなく、共同研究契約をしたほかの県の市町村にも最新プログラムを提供しています。

さて、『田園回帰1%戦略』（「シリーズ田園回帰」第1巻）はおかげさまで非常に好評をいただいています。私たちはそろそろ、地域人口をどこで安定させるか、中山間地域だけでなく都市も含めて、地元を使い捨てにせず長続きさせるかを展望しなければいけません。そのための人口1％取戻し戦略です。それは島根県だけの特殊解ではなく、昨年の国交省の「国土のグランドデザイン2050」にも資料として引用、紹介されており、全国の中山間地域に有効であることが立証されています。

Ⅱ　どれだけ――重要な家計分析――暮らしの設計と取戻しの原点

中山間地域家計調査から

さてここからは、人口の1％取戻し戦略のための、所得の1％取戻し戦略のお話です。逆転満塁ホームランを狙って、大規模な観光開発や企業誘致だけに注目する必要はありません。そのためにどうするかということを、本日はぜひみなさんで共有したいと思います。そして今後の大きな課題として、そのためには社会システムをどう組み換えていけばよいのかということについても少しふれたいと思います。

私の同僚で地域経済の専門家の有田昭一郎研究員が、5～6年前から徹底した家計調査を行なってきました。とくに田舎に住んでいる人の家計調査です。内閣府も調査していますが、それは県単位の調査で、地元で買ったのかどうかまでは捉えていません。有田研究員はそこまで調査しています。

たとえば食費にしても、パン、めん、菓子、外食など、かなり細かく調査しています。外食は、なんと年間7万5000円です。今、東京資本のチェーン店がどんどん地方にも進出しているので、羽が生えたようにお金が域外に流出しているということです。たとえばパンの年間食費支出は世帯当たり3万円です。米よりも多い。仮に300世帯、1000人の地域があれば、そこには1000万円のパンの需要があるのです。しかし、域外のパンを買うからお金が出て行ってしまう。さらに灯油・ガス代などの年間光熱費は11万円なので、1000世帯の地域なら1億円以上になります。これだけ暮らしの中で域外のものを買ってしまっている。逆に言えば需要はそこにあるということです。

田舎暮らし設計シミュレーションと所得の1%取戻し

一方、有田研究員はこうした調査をもとに、移住希望者が自分で収入、支出、貯蓄などの設計を行なうことを支援する「田舎暮らし設計シミュレーションソフト」も開発しています（図4）。定住1年目から収入、支出、貯蓄を予想します。費目ごとに分かれていて、食費にいくらくらいかかるかとか、どれぐらい稼げばいいのかがわかる仕組みになっています。たとえば「30歳代夫婦+子ども1歳」の場合、生活費、住居費、教育費、保険医療費・税金などがどれくらいかかるのか、どんな仕事をす

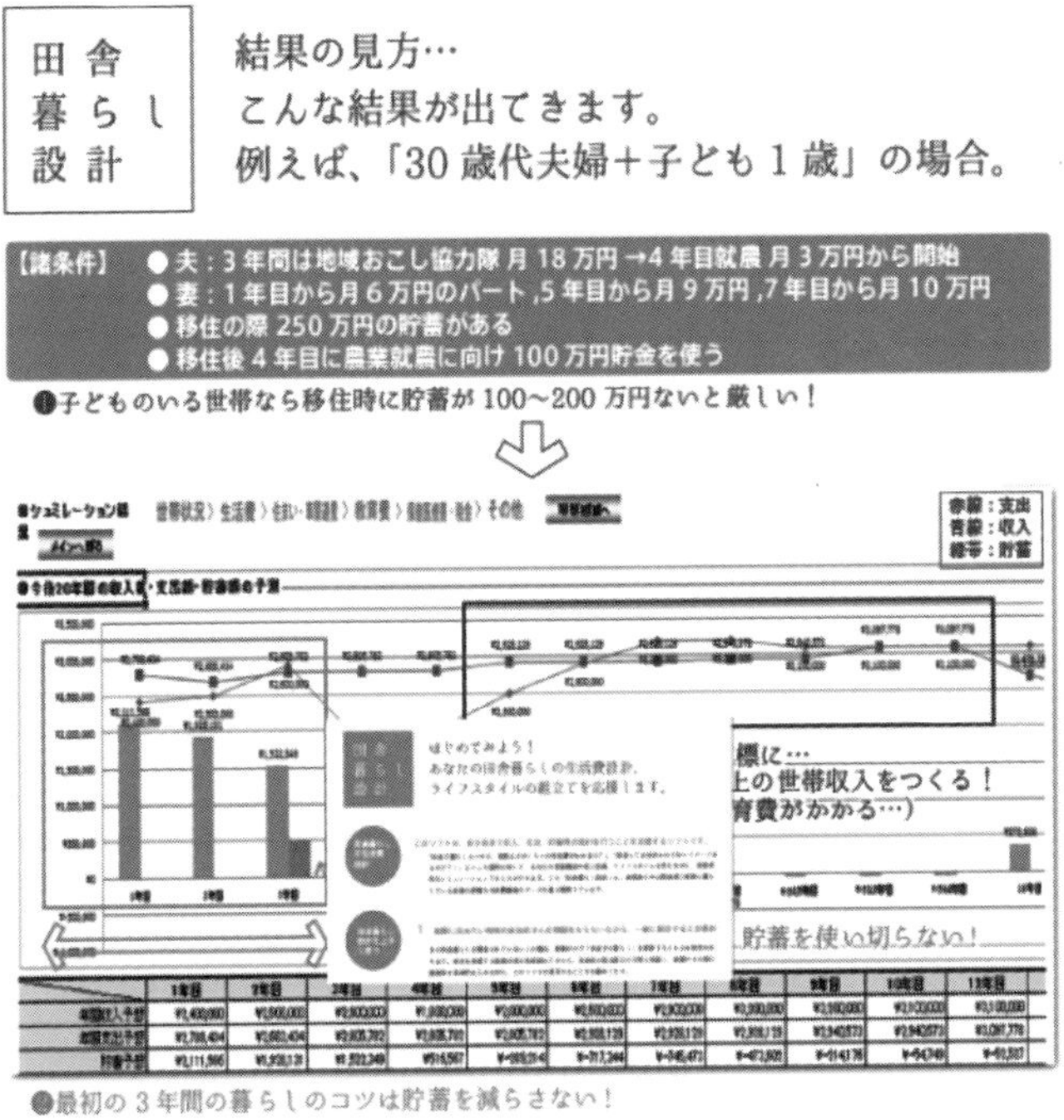

図4　定住後の暮らしを1年目から見通すシミュレーションのイメージ（出典：有田昭一郎氏）

ればいいのかといったことについて、定住の希望者と受け入れ側がその可能性や課題を共有し、具体的な田園回帰をサポートするためのソフトです。

さて、こういった詳細な研究の成果として、市町村より細かな単位での地産地消可能額のシミュレーションも明示されています。たとえば人口1620人、705世帯の昭和の合併前の旧村で、図5のように食料と燃料について、日々どれぐらい使っている

今後の◯町の地産地消推進施策を前提としたA地域推計

A地域 1,620人
705世帯

現状の1割以下の調達率を5割に引き上げ（by有田研究員）

食料、燃料の生産・供給能力と今後の◯町の地産地消推進施策

項目	内訳
食料	（現状）米・粉・雑穀、生鮮野菜・キノコ、野菜加工品、総菜おかず・弁当・テイクアウト （意向）パン、めん類、果物、お菓子
燃料	（現状）なし （意向）灯油に代わる木質系燃料

1億8,394万円

今後の推進施策をふまえたA地域の地産地消可能額

単位：万円

		地産地消可能額（パターン2）各品目計	①夫婦のみ世帯（65歳未満の者を含む）	②夫婦のみ世帯（構成員は65歳以上のみ）	③夫婦と子どもからなる世帯	④ひとり親世帯	⑤核家族以外の世帯	⑥単独世帯（65歳未満）	⑦単独世帯（65歳以上）
食料	米、粉、雑穀	1,554	142	657	120	31	222	75	307
	パン	1,489	152	394	196	118	363	80	184
	めん類	997	85	232	175	26	325	45	108
	生鮮野菜・キノコ	2,476	200	672	374	117	693	106	314
	野菜加工製品	1,968	132	671	226	136	420	69	313
	果物	1,259	53	419	182	44	336	28	196
	お菓子	3,175	251	872	428	292	793	132	407
	総菜おかず・弁当・テイクアウト	2,878	287	941	281	258	521	151	439
燃料	木質系燃料（暖房、給湯）	2,599	241	1,178	131	131	242	127	550
地産地消可能額（パターン2）計		18,394							

人口5万人換算：約50億円

図5　昭和の合併前の旧村単位での地産地消可能額シミュレーション

か、あるいは外から買っているかを試算しています。島根県のいろいろなところで基本的な食料と燃料に絞って調べても、現状ではほとんどのところが1割も自給も地元調達もしていません。9割以上は域外から買っているのです。50年前ぐらいまでは、大部分を地元で自給していたものです。

それをいきなり10割は無理としても、せめて5割くらい自給するとしたら、1億8394万円、約2億円になります。これを年1%分ずつでも取り戻していこうということです。

それをより大きな単位、たとえば人口7万人ぐらいの益田市吉賀町、津和野町で見ると、域外から1420億円、住民1人当たり200万円も調達しています。住民の所得

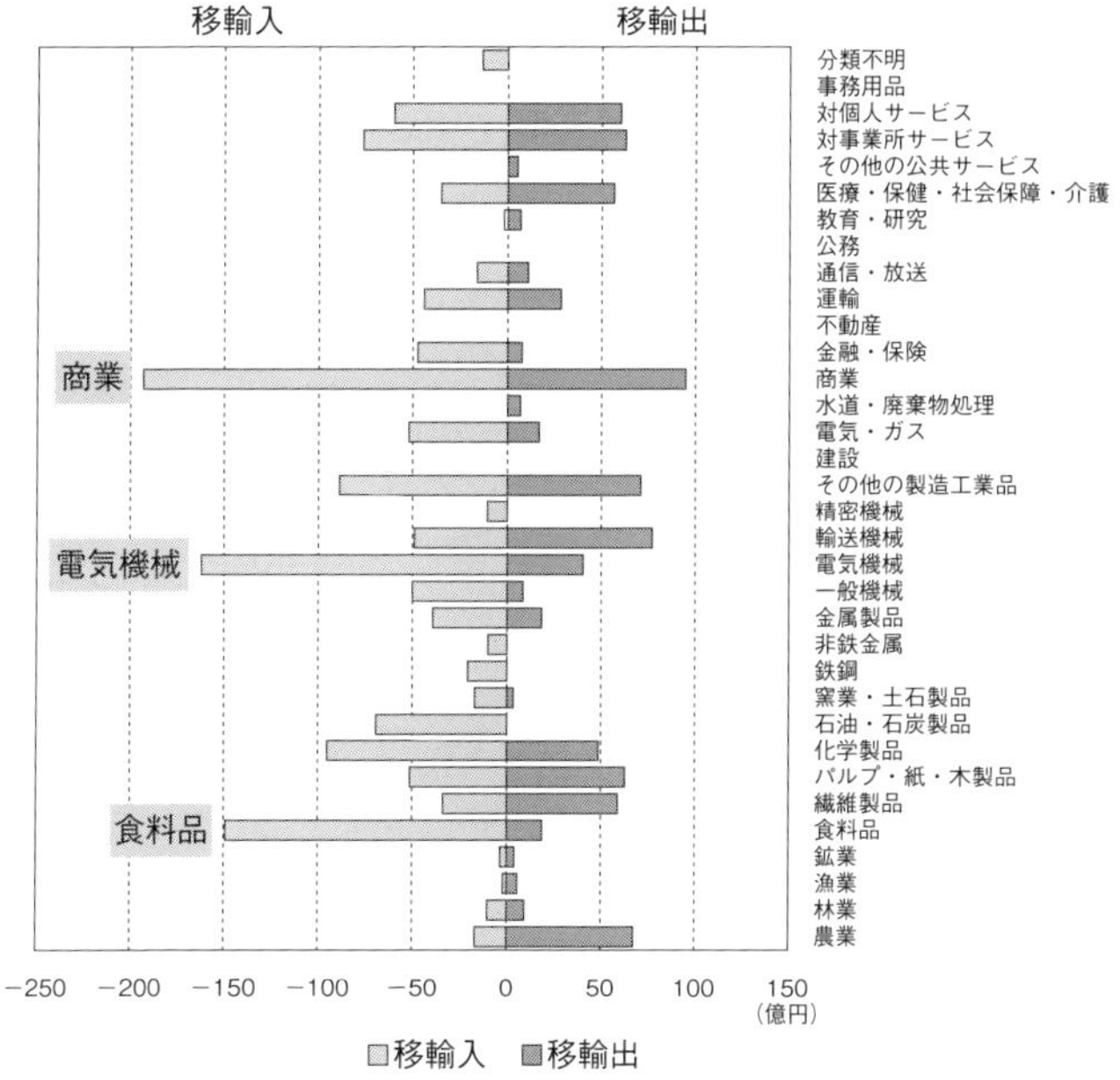

図6　産業部門別の域外との移輸入と移輸出の金額一覧（2003年益田圏域産業連関表より）

額１５５６億円にほぼ等しい額です。そこまで外部依存型になっているということです。「地域の稼ぎをそのまま外に差し出して経済が成り立つのか？」と思われるかもしれませんが、それをカバーしているのは、約１０００億円入ってくる補助金や交付税、そして年金です。はっきり言って、中山間地域側にも、国全体にとっても、これはあまりよいことではありません。もっと地域内でしっかり循環するようにしないといけない。仮に域外から買う物を１００％から99％にし、その１％を地域内で原材料からつくるようにすれば、14億円です。その65％が所得に転換するとすれば9億円で、年間300万円の所得を得る300家族の定住が可能となり、人口安定化のための1％取戻しとなります。

図6では、農業、林業、漁業から電気・ガス、各種サービスまで産業部門別に34部門を並べてみました。右が移輸出――外に出して儲けているもの、左が移輸入――外から買っているものです。域外調達が1420億円、域外出荷が857億円で、ダブルスコアに近い。563億円負けています。地域のほとんどは中山間地域で、日本一の清流、高津川の流域ですが、残念なことに食料品だけでも域外から150億円買っています。おもに加工品ですが、1人当たり20万円です。この状態をそのままにしておいたら、いくら外から交付金や補助金を投入しても、「だだ漏れ」に漏れているということです。

現在は比較優位が成り立たないほど移輸入超

しかし、こういうことを言うと――私も大学は経済学部でしたが――リカード以来の比較優位論で、双方で比較優位なものだけをつくったほうが効率がよいのではないかという突っ込みがすぐ来ます。しかし貿易が均衡しているところでは比較優位もあり得るかもしれませんが、これだけ移輸入が移輸出に負けていると、早晩地域の経済は成り立たなくなってしまいます。私は、閉鎖的な意味で自給と言っているのではなくて、せめてこれをもう少しイーブンなものに近づけられないかと申し上げてい

図7　中山間地域の「小規模・分散性」に根ざした生業づくり～「林業」「エネルギー」編
（出典：島根県中山間地域研究センター「やさか郷づくり事務所」

るのです。

その動きはいろいろな会社や地域で始まっています。私の地元のキヌヤという、年商132億円の中堅地場スーパーでは、6年前まで全商品のうち地元食品の売上割合は8・4％で、1割を切っていました。その後、地産地消コーナーをつくり、農家や加工品をつくる607事業者がローカルブランドクラブに参加して、さまざまな商品開発や流通に取り組み、毎年1％以上取り戻して、地元仕入れの割合は、15・3％そして全額は約16億円に達しています。一番出荷額の多い農家は1000万円を超えています。

林業の分野では、外からの大型機械の購

入をできるだけ抑えて、みんなが共同して、自前で木を出したり、できれば薪ストーブまで自前でつくるようになれば、お金は外に出なくなります（図7）。

その代表的な例がイタリアの山村です。基本的に地元の衣食住を地元の知恵と技でまかなっている。地元で経済を回していることが、観光振興にもつながっています。村から村を回ると、その村特有の食べものや文化を楽しめるからです。

じつは4月に能登半島の町から講演に呼ばれました。民宿での打ち上げがあって、最後にお茶漬けを頼んだら、なんと有名な某全国メーカーのお茶漬けが出てきました。（笑）温厚な私もさすがに怒りました。（笑）別にそのメーカーに恨みがあるわけではなく、けっこう好きなのですが、観光としてもお金の面からも、それはだめでしょう。大事なことはそこにあると思います。

Ⅲ　どうやって――地域内経済循環

1、地域内経済循環――地域内乗数効果とは？

LM3（地域内乗数スリー）で測る

じつはイギリスも、ずっと地域経済政策について悩んでいました。イギリスは田園回帰が進んでいますので、人口はあまり減っていません。しかし地域経済がなかなかよくならない。どんなにお金を投入しても、効き目がない。突き詰めていくと、結局域外に漏れていた。日本と同じ構造です。そこをふさがない限り、ざるで水を汲むのと同じことになってしまっている。

そこでもう一度地域内の経済循環を考えようということになりました。私たちは、とかく最初の投資額や売上額などの派手な数字に目が引きつけられがちです。本当は、地元に結局どれだけのお金が残るかのほうが大事です。図8のように、同じ100万円を売り上げても、あるいは投資しても、域内循環率が8割と6割では2割しか違いませんが、最終的には域内需要合計は倍違います。したがって、額よりもむしろ循環率が大切なのです。

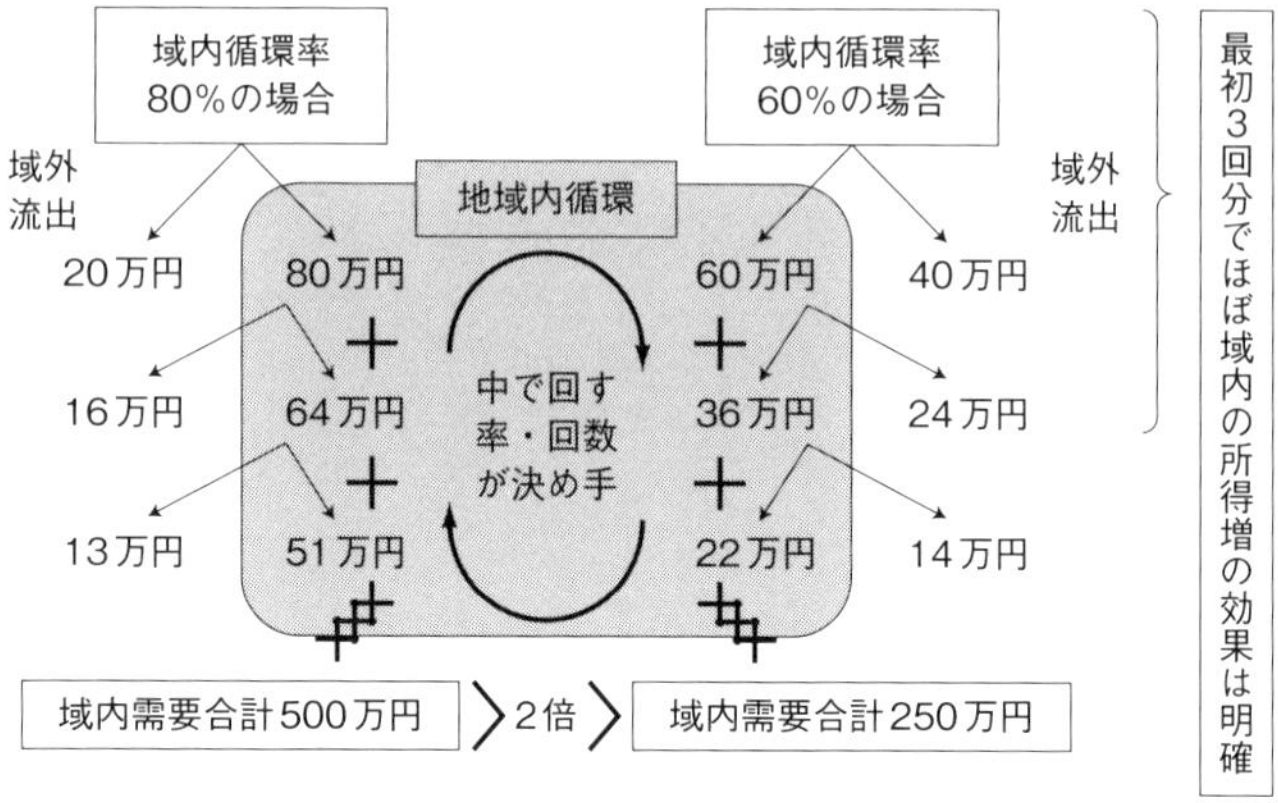

図8　同じ100万円を売り上げ、または投資しても……。地域内の経済循環が重要

これは経済循環ですから実際は無限に続きますが、最初の3回分ぐらいでだいたいの傾向、効果は明確になります。この3回分くらいを見ただけでも、本当に地元に役立っているのか、地元の暮らしを支えているのかがわかるということが、イギリスでは注目されました。

そこで出てきたのがLM3（地域内乗数スリー）という考え方です。たとえば図9のように、私たちは最初の売上や投資額が大きいほうがいいだろうと、7200万円より1億2000万円のほうを選びがちです。ところが、その後が肝心で、たとえば大きな売上を上げているところが外来・大規模型だと、地域から人をあまり雇わないで、外から雇ってしまっている。自分のチェーン店の中で仕入れもやってしまう。調べていくと、けっこうこういう問題点があります。福祉

循環段階	域内循環・共生型 企業・事業・投資・商品	外来・大規模型 企業・事業・投資・商品
Round1 当初売上 or 投資	7,200万円	1億2,000万円
Round2 計 従業員給与 域内調達	5,760万円 2,448万円 3,312万円	2,040万円 800万円 1,240万円
Round3 計 従業員給与 域内調達	2,499万円 1,704万円 795万円	677万円 0万円 677万円
合計	1億5,459万円	1億4,717万円
LM3指数	2.15	1.23

※LM3：イギリスNew Economic Foundationが開発したお金の地域内循環を表すインディケーター

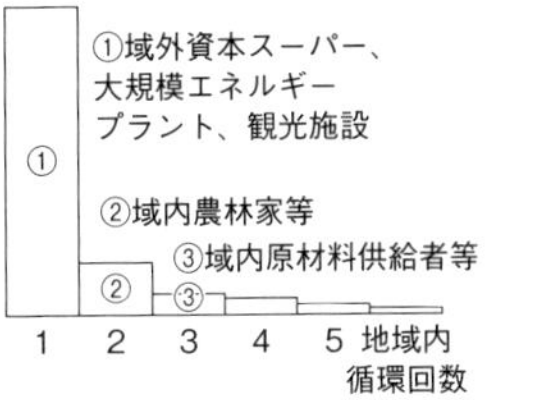

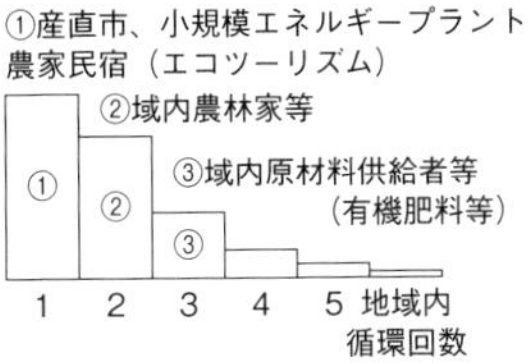

$$\text{LM3スコア}=\frac{\text{Round1}+\text{Round2}+\text{Round3}}{\text{Round1}}$$

注）Round1：分析対象事業者の売上高、Round2：売上のうち地域内で使われた額、
Round3：域内調達先における従業員給与・地域内調達額

図9　LM3（Local multiplier 3＝地域内乗数スリー）とは？

施設にしても、大手の福祉チェーンがやったら、域外で食材や機材を買ってしまう。実際に地元に残るもの、従業員の給料や地元調達がどれくらいあるかをまずきちんと見定めることが肝心です。

従業員給与や域内調達の額の3回分を足して当初売上（投資）で割ると、LM3指数が出ます。これが地元に役立っているかどうかとおおむね比例するという考え方です。ウサギとカメではありませんが、当初に大きな金額を投資したり売り上げるよりも、域内できちんと回すほうが実態としては効果が大きくなり得るということです。

ちなみに私は、バイオマス発電は非常に重要だと思いますが、やり方が問題だと思いま

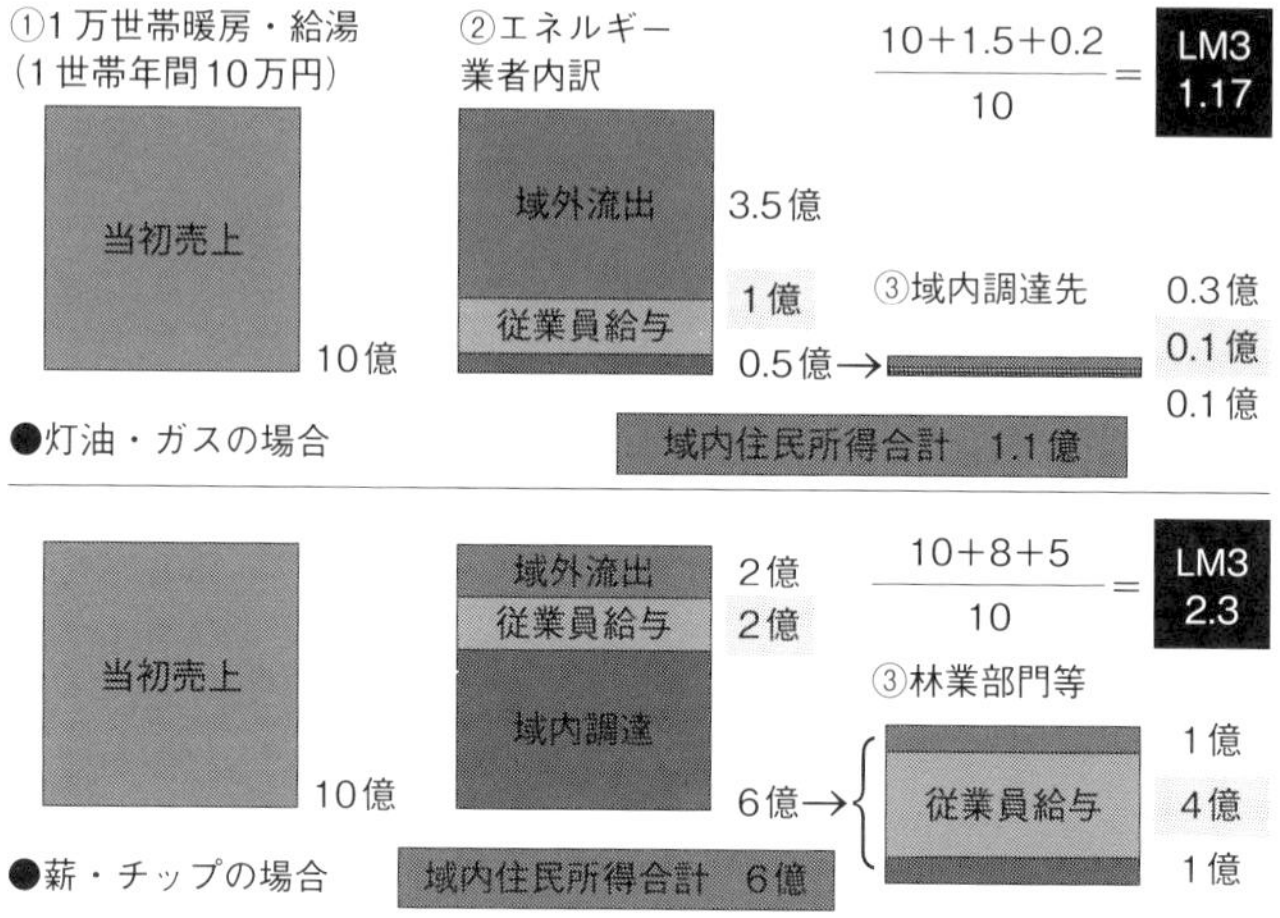

図10 LM3の計算想定例 「エネルギー」編

す。今までの規模の経済の考え方の延長で、大規模タイプだけでやるのはいかがなものか。今、5000kWぐらいが標準モデルになりつつありますが、それには年間10万㎥、大型ダンプ1万台分の材が必要です。大規模で高額の発電プラントや高性能林業機械によって地域のお金は域外に流出し、結局地元の実入りは少ないということになりかねない。したがって、薪ストーブを自主開発するといった、小規模で地元に密接したやり方もぜひ一緒に考えてほしいと思います。

スーパーマーケットでも、域内調達率が5％の場合と20％の場合、同じ100億円でもLM3の考え方では最終的にはかなりの差になります。そうした考え方で、現在の中山間地域のお金の流れを数字でしっかり追いかけていきたいと思います。

またエネルギーなどでも、有田研究員の調査によると、1世帯当たりの灯油・ガス代は10万円です。1万世帯ならば10億円です。今までどおり灯油・ガスを続けるならば、域外にほとんど流出し続けます。しかし薪やチップなら域内から調達できて、しかも地元の林業部門から仕入れることによって地域内循環はさらに増えていきます。これまでは私たちも地方自治体の首長も当初の投資額や売上額重視してきました。しかしそれで終わっていました。むしろ実質の実入りがどうなるのかを考慮すべきでした。同じ10億でも、域内住民所得では5～6倍の差が出てきます（図10）。

パンなども同じです。100円のパンを外から買うと、地元には3分の1ぐらいしか残らないと想定されます。しかし、地元の小麦あるいは米粉を使って地元で手づくりパンをつくると、3分の2の約65円が残ります。

また個人の住宅。これもかなり全国的なメーカーが田舎に進出してきていますが、下請に出た時点で2割が抜かれ、孫請となると6割ぐらいにしかならない。そこでまた実入りが減ります。しかも全国的な域外資本の住宅メーカー、工務店は域外の材料を大量に持ってきます。だから安くやれる。しかし、地元の木材や左官屋さんの技はほとんど使わない。本当はここを考えなくてはいけない。パンも同じですが、これはゼニカネだけの問題ではなく、文化の問題でもあると思います。全国が同じよ

(1) 自治体と各地区（一次生活・循環圏）における地域人口ビジョン作成〈H27〉
●対象地域における定住増加に必要な所得増加総額の算出

(2) 自治体と各地区における家計支出調査〈H27〉

(3) 地域中核事業体における取引状況分析〈H27〉
●域内循環向上による所得取戻し可能額の算出

(4) 域内経済循環促進型の新たな評価指標研究「LM3」の導入検討〈H27 ～ 28〉

(5) 新たな評価指標を適用した域内経済循環促進効果に関わる比較研究〈H28〉
●（仮説）小地域ごとに低炭素・循環型の小規模事業体が複合的に立地することが人口定住・所得面でも有効

(6) 新たな循環型社会システムに向けた「環境共生×域内経済循環×人口還流」に関わる地域創発型シミュレーション研究〈H27 ～ 29〉
●「小さな拠点」を核とした多分野横断の域内循環系と事業体連携の形成

(7) 今後求められる政策体系と条件整備の提言〈H29〉
●一次生活・循環圏で環境・人口・経済の持続性を同時達成する可能性提示
●広域的・重層的な循環圏の構築へ

図11　地域経済循環のため研究例：環境省・地域経済循環研究（H27・28・29）。研究代表者：藤山浩、参画機関：中山間地域研究センター、東工大、福井大、諏訪東京理科大学

うな家やパンになれば、観光に行く価値がなくなる。そういうことも考えなくてはいけません。

　環境省と組んで、私が研究代表者となって、このような地域経済循環の研究をこれから3年間、全国のいろいろな地域、大学と一緒にやっていきたいと思っています。とくに研究の後半は、これから述べる「小さな拠点」というものをつくり、地域内循環を回した場合に定住を支える所得がどれぐらい生まれ得るのかを立証していきたいと思っています（図11）。

2、合わせ技の組織・拠点をつくる

縦割りの規模の経済ではなく、横つながりのヤマタノオロチ型で

このように地域内の経済をもっと循環させればいいということをおわかりいただけたとして、どんな社会やシステムでこれを実現していくのかということについてはもっと本格的な議論が必要です。それは従来の縦割りの規模の経済ではなく、ヤマタノオロチのようにいろいろな部門が横につながった合わせ技の仕組みが基本だと思います。

出雲市の（有）グリーンワークはまさにヤマタノオロチです。集落営農のサポートが中心ですが、農業部門だけでなく、同時に交通や福祉のサービス、あるいは観光の事業もやっています。多角化によって、地域住民の暮らしや自治を支えていく。また農業だけでは冬場の仕事に困るので、周年雇用のためにさまざまな仕事を平準化し、農業で0・7人、ほかの福祉や交通で0・3人という具合に、合わせて1・0人の仕事をつくって定住可能にする。そうした雇用の合わせ技がグリーンワークでは実現できています。

「小規模・分散」の中山間地域の地元レベルでは、1人役の大きな仕事はそれほどありません。細切れになっている0・5とか0・6を合わせて雇用する事業体が必要です。新規就農しても、最初から

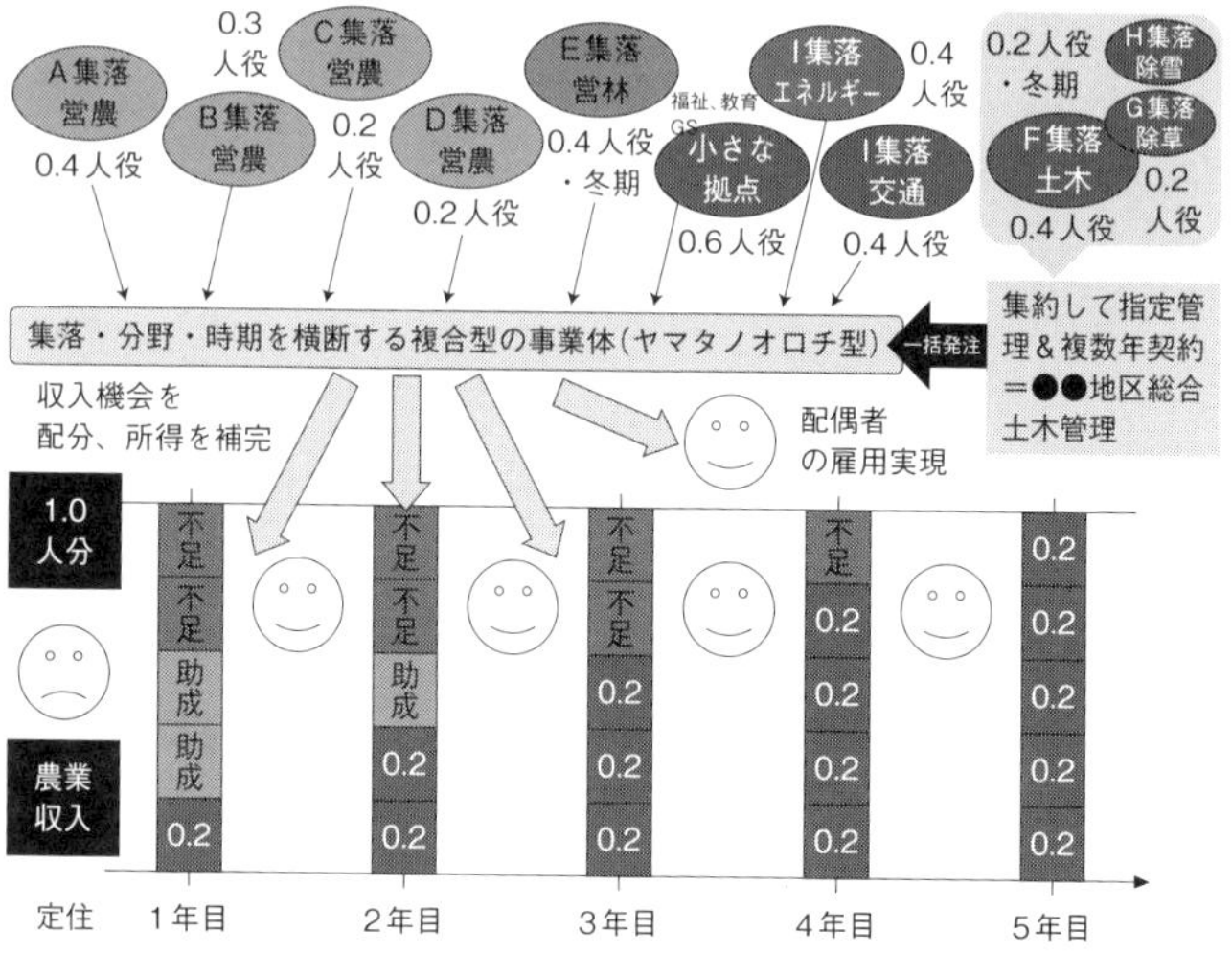

図12　小さな就業機会を連携・集約して1人役の仕事をつくる

フルの収入は得られない。行政からの助成にも限界がある。そうすると、図12のように、集落横断的に農業をしたり、冬場は集落営林に携わる。あるいは小さな拠点でエネルギーや交通を足して1人役をつくっていく。こうした分野横断のマネジメントを行なう事業体が必要です。

邑南町出羽《いずわ》地区では、コミュニティ組織と農業組織が連携し、地域の定住を伸ばそうとしています（図13）。最初に12集落をまとめてコミュニティ組織である「出羽自治会」をつくった。ならば農業もばらばらにやるのではなく、中山間地域直接支払いも、全部の集落で一緒にやろうということで、1764万円の一括協定とした。そして、地域マネジャーが会計事務のお手伝いをする。

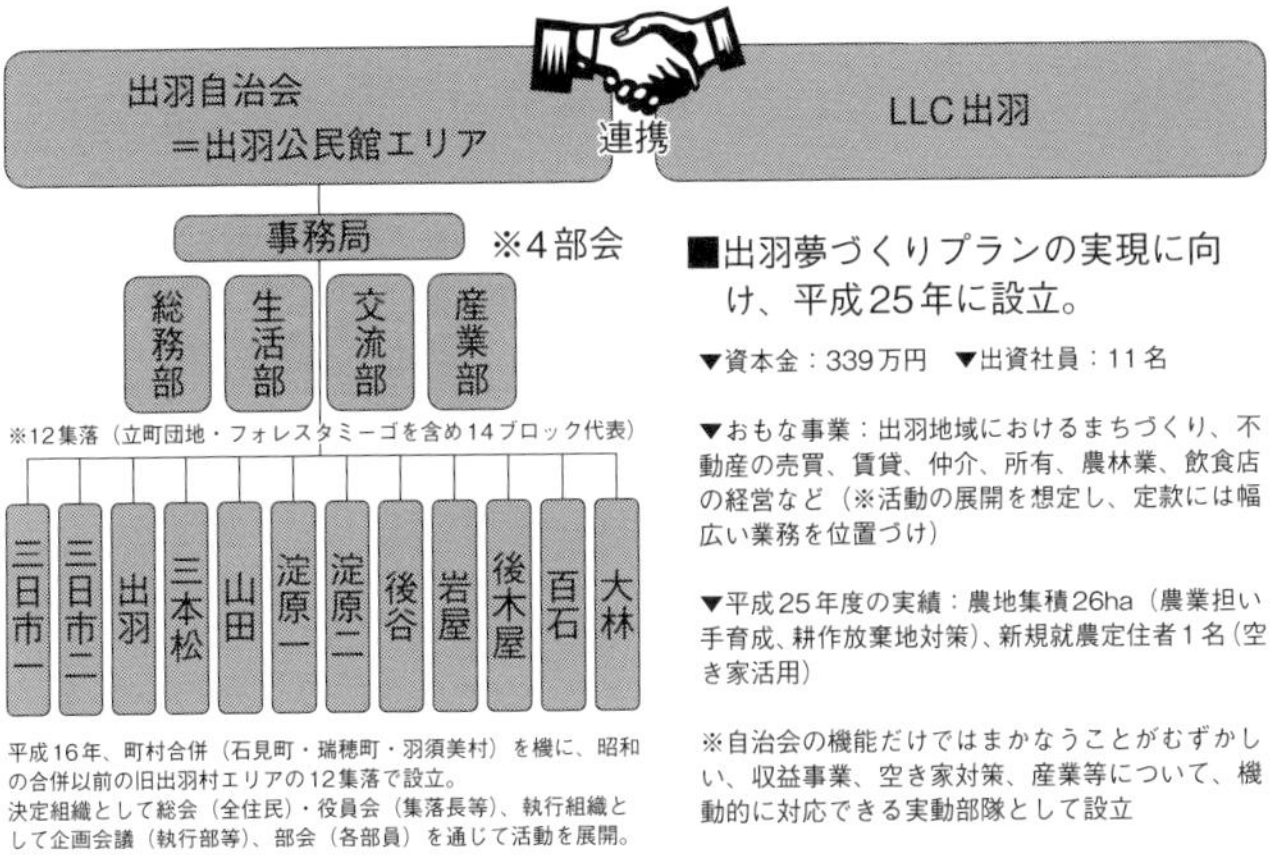

図13　コミュニティ組織と農業組織が連携し、地域の定住を伸ばそうとする邑南町出羽地区の主要組織

それだけではなく、各集落をつないだコミュニティ組織ができると、そこでいろいろなアイデアが出てくる。たとえば定住を増やすなら空き家を活用しよう。そのためには、何でもできる郷つくりの会社をつくって、農業も支援すれば空き家も活用しようと、現在はついに求人広告を出して、就農希望社員2名を募集しています。いろいろな足し算をして、農業を中心に2名分の仕事がつくれるところまで来ています。地方創生の本当の本丸、第2弾は、市町村全体で抽象的な人口目標、戦略を立てるのではなく、自治会、公民館といった地元単位で1年に何組増やすのかという目標、戦略を立て、それを人口ビジョンと創生戦略にしていただきたいと思います。

図14　地域自主組織事務所、レストラン、宿泊施設を「合わせ技」で整備・運営する雲南市・入間交流センター（人口300人）

小規模分散の暮らしを支える「小さな拠点」

そして8月に閣議決定された『新国土形成計画（全国計画）』にも位置づけられた「小さな拠点」。これは「奥のほうの集落を畳んで中心部の集落に出てきなさい」という集落移転を促す考え方ではないかと、とんでもない誤解をする人がまれにいます。小田切先生を座長として、3年前から国交省国土政策局で検討会を行なってきましたが、そのような話は最初からまったく出ていません。

「小さな拠点」はむしろ、小規模分散であっても今の集落にきちんと暮らしてほしいという考え方です。しかし、それを支える拠点やネットワークがあまりにも縦割りでばらばらだった

はたマーケット販売業務
波多交流センター職員
雲南市からの交付金で波多コミュニティ協議会が雇用しています。
交流センター事務室では
普段の仕事をします。
職員４人が役割り分担をして、普段の業務とはたマーケットをやりくりしています。会長も運営手続き、送迎などで大忙しです。
やっと慣れてきた運営ですが、まだまだこれからです。地域の皆さんと一緒に盛り上げていきたいと思っています。

図15　人口340人の雲南市波多地区に新たな商業拠点がオープン
（出典：波多交流センターシンポジウム発表資料）

ら、効果がなくなってしまう。ガソリンスタンドや商店が20～30㎞も遠くになってしまったら困る。だから、集落で暮らすことを守るために、縦割りのばらばらの拠点やネットワークの仕組みはそろそろやめようというのが、「小さな拠点」の考え方の真髄です。

その「小さな拠点」の手本が、有名な高知県四万十市の（株）大宮産業です。ここも住民が自分たちで出資し、すばらしい合わせ技でガソリンスタンドや売店を運営しています。

島根県雲南市の入間地区は人口３００人ですが、廃校を利用して交流センターをつくりました。コミュニティセンター機能、公民館機能だけでなく、地元の女性4人がすばらしいレストランや宿泊施設を運営しています。合わせ技だからできることです（図14）。

入間地区からさらに15分奥に入った波多地区は、人口340人です。3年前から商店がなくなっていましたが、去年、公民館機能、コミュニティセンター機能、福祉機能を持つだけでなく、商店機能も持つ交流センターをつくりました。ふだんはコミュニティセンター、公民館の仕事をしていて、お客が来たらお店に移動する。そして、買った方が地域内の方であれば車で送り届けます。公民館だけ、商店だけでは成り立たなかったものが、合わせ技できちんと仕事となり得るいい事例です（図15）。

小規模多彩な中山間地域の豊かさを近くの地方都市に届ける

今、いろいろな成長戦略が語られていますが、私は、農山村、あるいは中山間地域の本当の豊かさは、小規模ながらも多彩であることの豊饒さだと思います。1494人の浜田市弥栄自治区での栽培・加工品目を数えていくと、半数回答ですが、4508品目もつくられています。同じ味噌でも、AさんとBさんでは違う。しかし、販売ルートまで乗らない。一軒一軒の農家で50～60種類の野菜や草花をつくる。ここに本当においしい世界があるわけで、それをみんなで共有できる社会システムに変えていけばいいわけです。（詳しくは、相川陽一・福島万紀・佐藤響太・藤山浩・島根県中山間地研究センターやさか郷づくり事務所編『「小さな農林業」の可能性―「弥栄町の農林業に関する調査」地域報告会の記録』（2012年）をご参照ください。）

たとえば過疎地域自立活性化優良事例として総務大臣表彰を受けた益田市真砂地区は人口400人ですが、ここも3年前に商店が消えてしまいました。そのために、去年の夏から毎週1回スーパーキヌヤに買い物支援バスを走らせるようになりました。そこでよいアイデアが出ました。毎週買い物に来るのであれば、手ぶらではなく野菜と一緒に来てくださいというのです。野菜の出荷と買い物を同時支援するすばらしい一石二鳥のアイデアです。ITなどの社会的技術を使えば、アマゾン社が隠れていた小口の需要を掘り起こしたように、もっといろいろなことができるのではないでしょうか。

近くの地方都市に少量多品種を直送する軽トラ市も、今全国で広がっています。閉鎖的な自給ではなく、多彩なものがそのまま近隣地方都市の食卓に届くような仕組みもできつつあります。

近隣地方都市の団地も高齢化が非常に進んでいます。人口5万人の島根県浜田市の中心部の駅の隣の団地でも、独居高齢者世帯が4割です。買い物に行けない方々が引きこもらず、軽トラ市に出てこられます。また団地は自給率がゼロ％ですから、災害時が心配です。そこで、田舎の木材で防災ステーションをつくり、米、水、薪を備蓄します。このように、都市と田舎が多様性を維持したまま、より発展的に結びつく社会システムが求められているのではないかと思います。

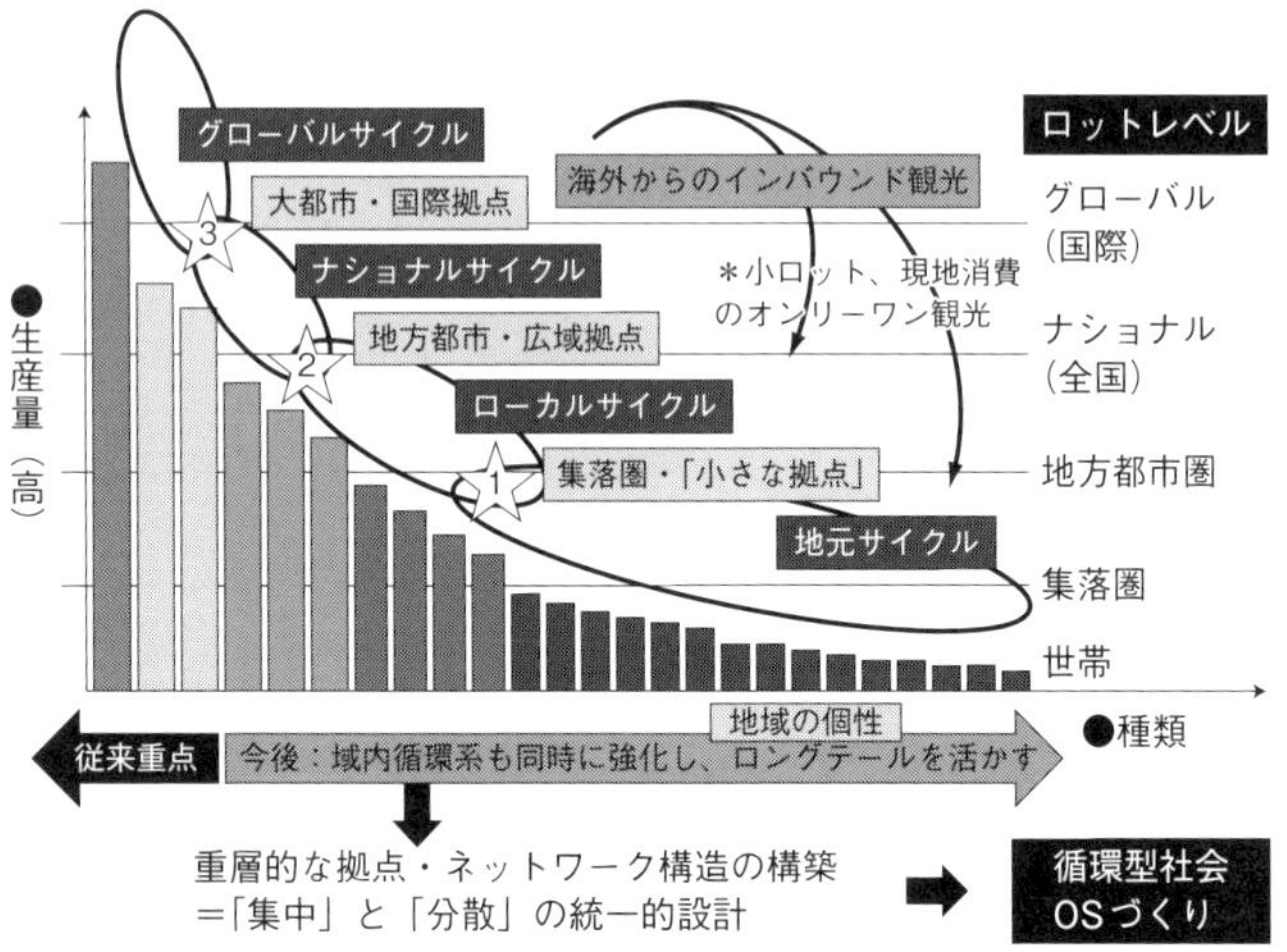

図16　わが国の地方圏（中山間地域）＝細やかで多様な山、谷、津々浦々では、少量多品種の「ロングテール」の活用・循環が重要

そのイメージは図16のようになります。よく考えれば、自然も、おいしいものも、私たちの暮らしも本来多彩なロングテールな営みなのです。同じものばかり大量に食べるのはおいしくないし、健康にもよくありません。同じものを大量に生産すると、地域の自然や生態系がもちません。1人1品だけでも地域には多様でおいしいものがある。これを「小さな拠点」で束ねて、まずは地域内で循環させる。それだけでなく、地方都市も含めて、それらを循環させる。こういった仕組みに切り換えていくことが必要だと思います。

また、小さな拠点だけつくるのではなく、それをさらにつないで、人口5万人から10万人の二次循環圏の広域拠点で循環させる（図17）。

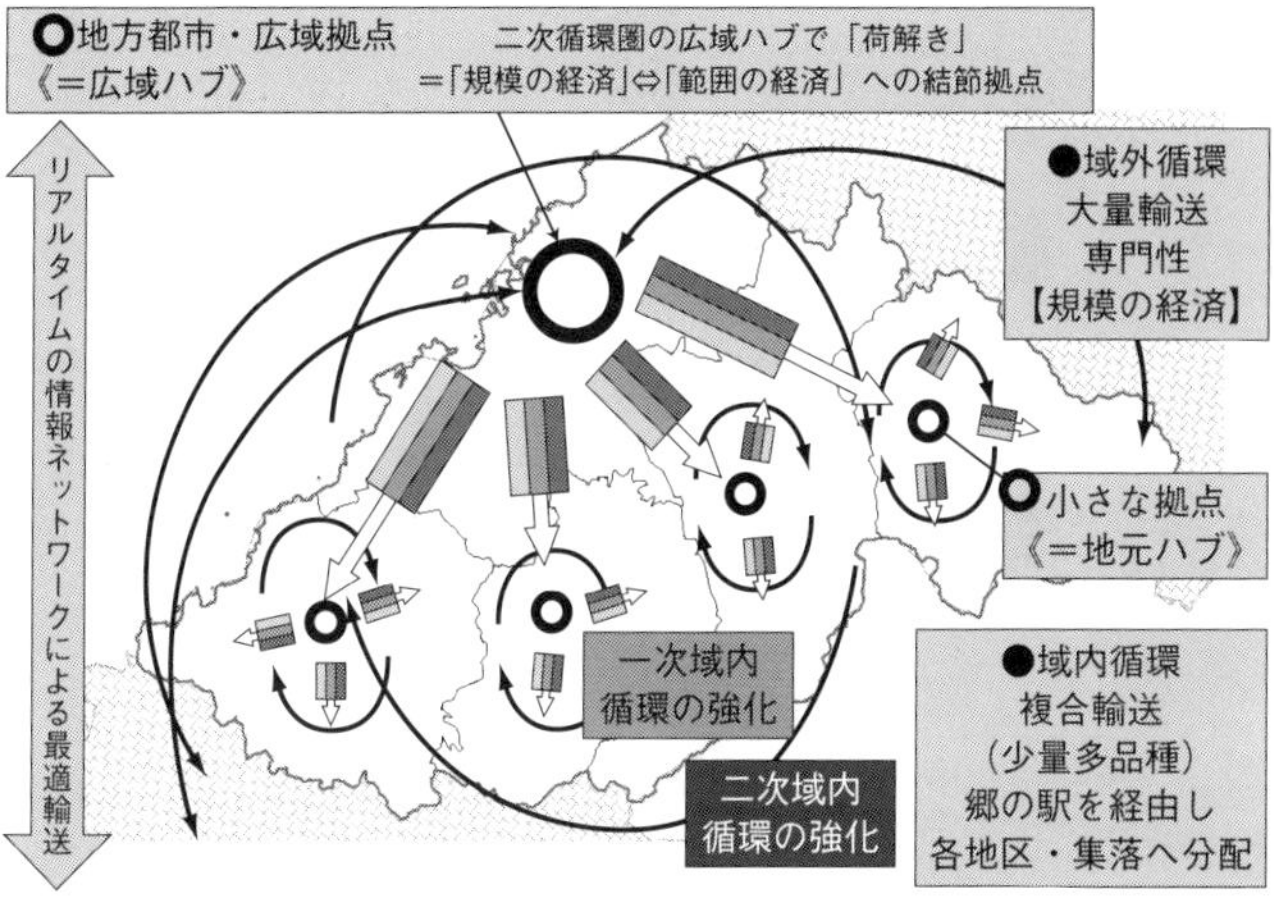

図17　地方都市圏における広域拠点と「小さな拠点」のネットワーク化

小さな拠点と広域拠点との関係としては、域外の全国流通のものは、広域拠点までは、新聞は新聞、チョコレートはチョコレート、コーヒーはコーヒーで来るかもしれませんが、そこから小さな拠点までは異なる種類の品物を複合的に輸送する効率のよい仕組みづくりが必要だと思います。じつは島根県の新聞の配り方はすでにそうなっています。朝日は朝日、読売は読売、日経は日経で地方都市の中心までは来ますが、そこからは一緒に運んでいます。人も物も、そのように一緒に運べばいいわけです。

また今、新聞を運んできた自動車やバイクは空荷で帰っていますが、野菜などを持って帰るようにしたらよい。そうしたスマートな仕組みを中山間地域が開発していけたらと考えています。

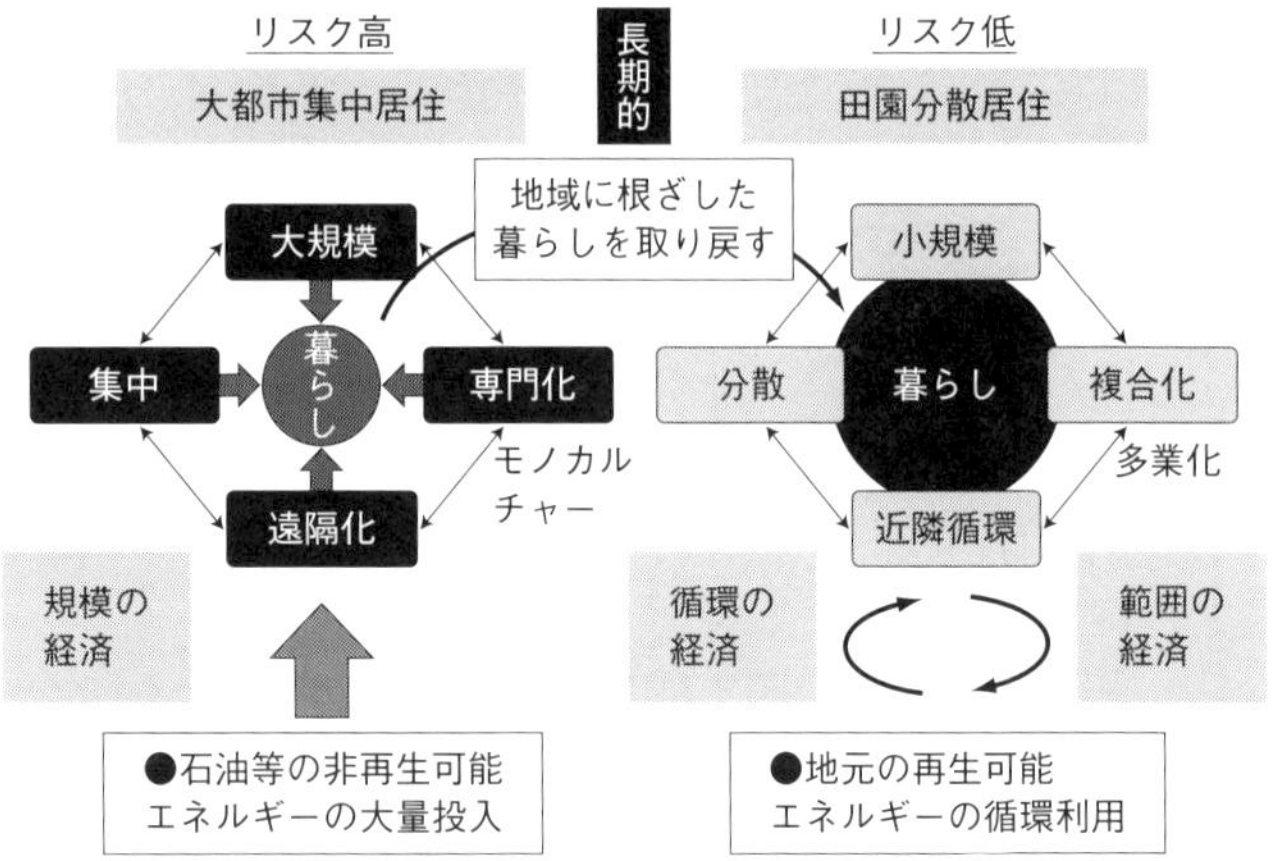

図18　環境、社会、災害リスク軽減のため、自然と暮らしの多角形をつくる

Ⅳ　何のため
――自然と暮らしの多角形

ひとり勝ちを許さない生態系に学ぶ社会技術を

最後に、将来的に「何のため」ということを考えてみたいと思います。今まで私たちは大規模に集中し、モノカルチャーで専門化して、遠隔地から大量にものを運んでくるような「規模の経済」にあまりにも依存しすぎた。そのことによって、環境、社会、災害のリスクが高まっています。小規模で分散型であっても、先から述べているような合わせ技で、しかもできるだけ地域で循環するような、「循環の経済」、「範囲の経済」の社会システムでバランスをとっ

図19　魚もいろいろ、料理もいろいろ。自然と暮らしの多角形を重ねる

ていくべきではないでしょうか（図18）。

私も職業柄、年に半分はアウェーで戦っていますが、あとの半分はちゃんと家で主夫をしています。そのために働いており、それが生きがいです。図19はおいしい旬のハモにトンコ（ニギス）にマアジにトビウオです。ハモは１５０円ですが、骨切りに5分かかります。いろいろなものが少しずつ取れるからこそおいしい。自然も本来は多角形で、暮らしも多角形であるはずです。多角的で多様なものを身近な地元で結びつけて暮らせるということが、田園に生きる豊かさではないかと思っています。そうした仕組みをつくっていく。そうした中で、地元の漁師さん、商店にも実入りがある仕組みがつくっていけるはずです。

そろそろ消費者も意識して1％ずつ地元のものを買い始めるときに来ています。そうしなかったら、地元のものは全部なくなって行きます。１％ずつなら、別に暮らしが成り立た

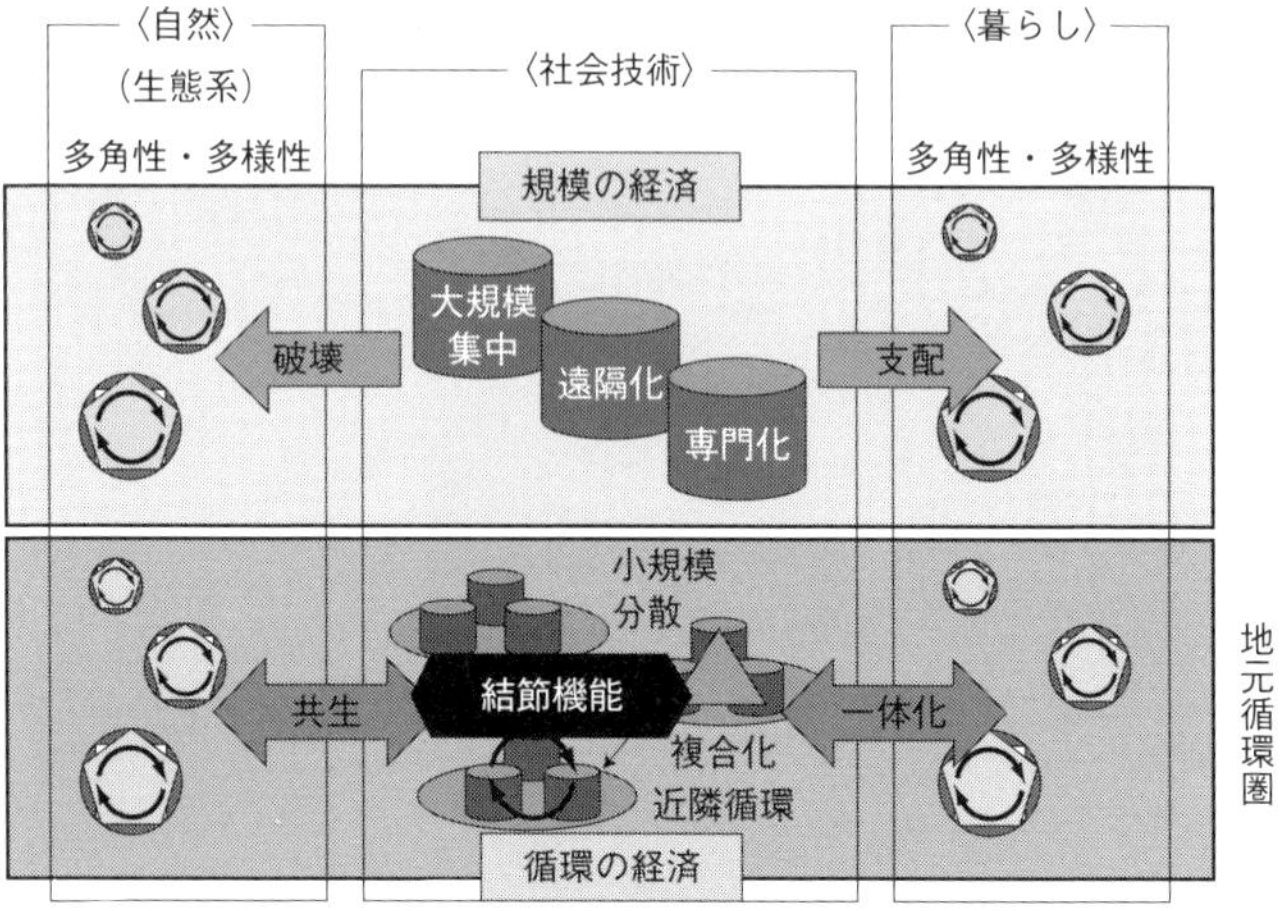

図20　自然と暮らしをつなぎ直す経済（＝社会技術）のあり方

なくなるということはないはずです。

今日は経済と仕事の話をしていますが、経済をはじめとする社会技術はあくまでも自然と私たちの暮らしを仲立ちするものです。稼ぐだけではしようがない。稼ぐ前と稼いだ後が大切です。この半世紀の規模の経済のもとでは、あまりにも大規模集中・遠隔化・専門化によって自然が破壊され、むしろ暮らしが経済に支配され押し潰されるといった弊害が目立ってきました。もっと小規模・分散で、自然と経済と暮らしをきっちり結びつけて、地元で循環させる。小さな拠点のような結節機能をつくり直す。そして自然とも共生し、暮らしとも一体となる社会技術を、循環型社会に向けて一歩ずつでも、1％ずつでもつくっていくべきではないでしょうか（図20）。

非常にむずかしいことを言っているようですが、

私たちの土台である生態系に学べばいい。自然の生態系はひとり勝ちを許していません。ライオンがひとり勝ちしたら、シマウマがいなくなって、ライオンも死ぬ。より多角的に、小さく、多様に、広く、世代から世代に長く積み重ねていく。そうした生態系に私たちの社会もそろそろ追いついていかないといけないのではないでしょうか。

食、福祉、アート&クラフトの3分野から

中山間地域のこれからの基本戦略として、私は「規模の経済」を全否定するわけではありません。しかし、あまりにもそれ一本やりで来すぎました。「規模の経済」とは異なる軸が必要です。それは、自然との共生であり、暮らしも含めた創造だと思います。たとえば、食、福祉、アート&クラフトの三つの分野は、「規模の経済」が働きづらい、あるいは働かさないほうがいい分野でした。

毎日の食事も、どこでも同じものを大量に消費し続けるのは非常に貧しい。いろいろ少しずつがおいしい。福祉でも、同じような人を200人、500人も大量に収容すると、大変なことになります。これは大きな企業がかかわるパターンです。そうではなく、なれ親しんだ地域で、小規模分散でやるほうがいい。これは、教育も一緒だと思います。さらに19世紀末のイギリスで田園回帰の先駆けと言われたアート&クラフト運動。私たちは暮らしの美しさをもう一度取り戻していく必要があるのでは

ないでしょうか。大量生産の「製品」ではなく、一点一点その人の存在を映す「作品」の時代へ。その時代の幕を開けなければいけないと感じています。

これから、新しい時代、新しい地平を切り開いていただくような事例発表があると思いますので、非常に楽しみにしています。以上、「新たな1％戦略」で「しごと」をつくり直す、取り戻す方法を提案させていただきました。ありがとうございました。（拍手）

特別報告

イキナリ・ナリワイ・フルサトをつくる

「ナリワイ」代表
伊藤洋志

仕事を自給する仕事

はじめまして。伊藤と申します。今は「ナリワイ」という屋号で仕事をしています。大学は農学部でしたが、村おこしや地域活性についての授業では、必ずといっていいほどビジネスをどうするかという話になります。しかし、実態をよく見ると、先ほどの藤山先生のお話のように、複合的な活動というか、いろいろな仕事を組み合わせて生計を成り立たせている人が多い。それをひとくくりに「ビジネス」と言ってしまうと、語感としてもあまり合わない。そのあたりの言葉の感覚を変えないと、世の中の考えはなかなか変わらないと思って、「ナリワイ」という名前で活動をしています。

伊藤洋志氏

僕の活動をひと言で説明すると、「仕事を自給する仕事」です。学生時代の終わりころには、どこかに就職しなければと思って、毎日就職サイトを検索する日々を送っていました。農学部だったので田舎に仕事があったら働きたいと思ったのですが、求人サイトというのは、基本的に広告費を出せる都会の企業が情報を出しているので、その限られた窓から見ているあいだは全然ヒットする仕事がありませんでした。

しようがないので、「自分で仕事をつくる」を一つのテーマにして、

20代半ばから、「雇用に依存しない仕事の仕方を考えていこう」と活動してきました。雇用しかないと考えてしまうと、日本中大きなリゾートホテルや工場を誘致するしかない。僕が学生のころ三重県にシャープの液晶工場が誘致されましたが、もう撤退しそうな感じになってきている。そういうものに依存している仕事だと、自分ではよくわからない環境にふり回されてしまう。それでは自分で仕事をつくればいいのではないかと考えたのです。

では、どういうかたちで仕事をつくればいいか。「起業」というと、一般的には銀行からお金を借りて、設備投資をして、といったイメージです。しかし残念ながら、僕は卒業のころ育英会に借金がある状態で、その手の起業するのはまず無理。起業する元手があるという人は世の中にそんなにいない。元手がない人は自分で仕事をつくれないということになると、それも不自由な話だと思いました。元手があまりなくても自分で仕事をつくれる世の中であってほしいし、僕もそういう技術を磨きたい。しかし、その方法論は世の中で研究されていなくて、ビジネススクールで教えられる起業の仕方は、基本的にどこからか資金を持ってくるにせよ、自分で持っているにせよ、ある程度の資金を前提にビジネスを組み立てる話が多い。しかし、最初に1000万円といった大金の元手をかけて仕事をつくるのではなく、日本全国で昔から行なわれている方法の中に、自分の体と頭を使ってそれなりの仕事をつくる方法があるのではないか？　その方法を研究していこうと決めました。

仕事を通して体と頭が鍛えられる

今日はごく簡単にお話ししたいと思いますが、卒業後、とりあえず東京にやってきて、1年間就職してみることにしました。学生時代には月数万円のアルバイトでかつかつ生きてきたので、月20万円も給料をもらえば貯金もすごく貯まると思っていたのですが、先ほどの穴あきバケツの話ではありませんが、全然貯金できない。その当時の僕には20万円はけっこうな大金でしたが、一瞬で出ていく。ストレスが溜まるので、ハーゲンダッツのアイスクリームを毎日食べたりすると、お金が全然なくなっていく。いくら稼いでも出るのを抑えないと、結局出ていくばかり。

大学の同級生たちに聞くと、初任給は業界によってまちまちで、新卒3年目くらいで早くも年収1000万円を達成する業界もあるとか。しかし彼らにお金が貯まっているかというと、年収1000万円あったらあったなりに高級マンションに住んだりして、きびしい生活を送っている人が多いと言うのです。これは現代社会、とくに都市生活における盲点というか、弱点だと思います。

そこで1000万円稼いで990万円使うより、とりあえず自給するところから始めて、200万円稼いであまり使わずに余った分で暮らしたほうがラクそうだという、少し怠けた発想でやってみました。自分の生活の中で自給できる範囲を増やしていくと、なんと支出が減りながら収入が増えるようなことが起きました。今もたいした年収はありませんが、普通に生きて、年に1回から3回は海外旅行に行くことができる、余裕のある状態をつくることができました。

会社員時代に痛烈に思ったのは、お金を稼ぐということは現代社会においては常識的にやっていると基本的にストレスが溜まるのではないかということです。今の僕からは考えられませんが、当時は稼いだら岩盤浴やマッサージに通っていました。だったら働かずにいたほうがよかったのではないか。（笑）稼いでもストレスを溜めて貯めたお金でストレスを発散している――こんなことはやめてしまおうと思いました。仕事をしながら体と頭が鍛えられたら一石二鳥――きっとそういう仕事がつくれるはずだと思って、つくってきました。

分野はさまざま、規模もさまざま

自給というと、食べものの自給がすぐ思い浮かびますが、もう少し分野を広げて考えようと思いました。やった順に挙げると、住、食、衣、娯楽、教育、冠婚葬祭など、いろいろなことを自給していこうと考えました。そして年間30万円から１００万円の仕事を5、6個つくれたら暮らしていけるのではないかと考えて、これまで7年くらいやってきたというのが実感です。

会社勤めをしている人、あるいはこれから何か仕事をつくろうとする人が、いろいろな仕事のアイデアを考えたけれども、年間30万円にしかならないとなれば、「このモデルは終わっている」「これでは食べていけない」と、そのアイデアを捨てることが多いと思います。しかし今のテクノロジーで売り方、働き方を工夫すれば、年間30万円にしかならない仕事を1個入れながら、ほかの仕事を増やしていくというように組み立てることは簡単にできるのではないかと思います。逆に年間30万円の仕事は、これまでビジネスターゲットにはなってこなかったので、誰もやっていない。やっていないから、あまり激しい競争をしなくても意外に成り立つということがあり、藤山先生のロングテールのお話と重なります。年間30万円以下の仕事というのは、やってくれたらお金を出したい人はたくさんいるのに、だいたい無視され捨てられていることが多い。それをどんどんやっていこうという作戦です。

そして『ナリワイをつくる　人生を盗まれない働き方』という本を書きました（東京書籍、2012年）。本を書くのも僕の仕事の一つで、イメージとしては、自分がやってうまくいった仕事、うまくいかなかった仕事を報告するレポートのようなものです。

しかし、「1人の特殊な人間がたまたまできただけ」といった言われ方をするので、ほかの人もやっていることを示すために、18人くらい集めて、もう1冊『小商いのはじめかた　身の丈にあった小さな商いを自分ではじめるための本』をつくりました（同、2015年）。僕は大学に職があるわけではなく、研究職として世の中と広く共有するということはやりにくいので、本というかたちでみなさんと共有していきたいと思っています。

田舎に行ってよく言われるのが、「この地に骨を埋める覚悟はあるのか」ということです。僕もいきなり迫られましたが、「まだ骨になる覚悟はできていないので、もうちょっと悟りが開けてから考えます」と答えています。（笑）そういうプレッシャーがかかるとみんなやりにくい。それだと、「骨を埋める人」か「観光客」かの二者択一になってしまうので、窮屈に感じる人が多いと思います。しかし、2カ月に1週間くらい来て、地域の仕事をして帰っていくといった、骨と観光客の真ん中ぐらいの人を入れると、風通しがよくなっていいのではないか。そういう作戦で、僕は、今、個人的には東京と和歌山県の熊野古道の近くの限界集落に家を借りて、2カ月に1回くらい行けばできる仕事をつくっています。たまに向こうの人の相談に乗ったり、こちらが相談したりしています。

稼ぐための仕事をつくる前に、まず支出を減らす

自己紹介が長くなりますが、僕は人口10万人ぐらいの地方都市、香川県丸亀市出身で、高校まで丸亀で暮らしました。そして環境問題を学ぶために大学に行き、農学部で農林漁業と自然科学を勉強しました。

先ほどの話に戻ると、就職サイトで香川県を検索すると、何もない。四国銀行と四国電力と四国ガ

スが出ましたが、僕が勉強した文化や地域の仕事、あるいはもう少し自然環境をよくするような仕事とはあまり関係がない。最近は少し増えましたが、当時は地域で志のある仕事をしたいと思っても、それを探すためのメディアがありませんでした。

だったら自分でメディアをつくったほうがいいのではと考えたのと、じつは地域に仕事はあるのに多くの人が発見できないでいるのではないのかという考えで、たとえば高い広告料を払う余裕も払う気もないけれども1人か2人くらい採用したいという会社のためのメディアをつくったらどうかなどと考えたりしました。細かいこと一つひとつを仕事のネタにしていこうという姿勢です。

しかし自分でメディアをつくろうとしても、もともと経験がないので、約1年間ベンチャー企業で働いてみました。これがけっこういい体験になりました。仕事には、必要なものを生み出す、困っていることを改善する、退屈な生活に面白い時間をつくり出すなど、いろいろな要素があると思います。しかし自分が会社勤めをしてみて、都市生活がどれだけストレスフルなものか身をもって体験できました。逆にそれをどう解決すれば喜ばれるか、身をもって知ることができたのです。

稼いでも消えていくのが多忙な都市生活です。これをどう解決していくのか。いきなりやり始めたのは、稼ぐための仕事をつくる前に、まず支出を減らすということです。藤山先生の地域のお話を個人に当てはめて考えると、都会の生活では家賃の支出が一番大きい。僕は風呂なしのアパートに住んでいましたが、それでも家賃は約5万円でした。初任給は約20万円でしたが、いろいろ引かれると、家賃はその2割か3割くらいになります。それをまず減らさなければいけないと考えました。

家賃を減らすには、自分で家を改修するのが一番というのが当時のアイデアでした。そして渋谷からバスで約13分のところに奇跡的に残っていたぼろぼろの木造家屋を自力で改修し、住んでみることにしました。始めたのが2007年3月です（図1）。

図1　傷んだ家を自力で改修して住む

「過程を共有する仲間」が増えた

これはとてもよい経験になりました。普通に考えれば、ぼろい物件は業者に頼んで改修します。これを自分でやれば節約できるかと思ったのですが、節約できただけではありませんでした。しっくいによる壁塗りなど、なぜか土日になると毎回10人くらい手伝いに来るという現象が起きました。これは何を意味するのか？　ふだん多忙な都市生活を送っている人のほとんどはデスクワークなので、家を手入れするという得難い体験が娯楽になるということです。一瞬、お金をもらっても来るのではないかと思いましたが、まだ自分の経験値が低かったのでそれはやめました。

ちなみに、会社員時代には友だちが一人も増えなかったのに、家を改修するときには壁塗りをしたいと、友だちの友だちみたいな人がつぎつぎに現れました。ここで得られたことは、家賃が下がったということも大きいのですが、一緒に家を改修する過程でいろいろな人と知り合いになったということです。この「過程を共有する仲間」づくりということが現代社会では意外にできません。サークルや文化活動をしている人はまだしも、会社の仕事べったりの人にはそういう機会がまったくないので、油断するとどんどん孤独になってしまうという恐ろしい現象が起こります。それは精神衛生上よくないし、何か始めようと思っても相談できる人がいない。結局、現代社会はそこをお金で解決するということが多くなっています。なぜ田舎でもハウスメーカーで家を建てる人が増えているかというと、大工さんの知り合いがいなくなったとか、減ってきているからです。

最近ちょっと不思議な話がありました。僕は和歌山県で友人のミカン農家の仕事もしていますが、友人は「基本的に親戚がミカンをつくっている県内の人はミカンを買わない」と思っていたのに、ネット販売を始めたら、「なんと県内の、しかもミカン産地の町から注文が来た！」と驚いていました。田舎だからといって人とのつながりがすべての人にあるわけではない状況です。

建築のよいところは、素人が参加できる余地があるということです。専門分化していくと、素人が関われる部分はどんどん少なくなっていく。専門家以外は関われないようにすることが専門性を高めることが競争力の源泉の一つですが、それが行き過ぎると、ふだんは接しない人同士が出会う場が削られてしまうという弊害もあります。ぼろい家は、素人がやって失敗しても文句を言われないということもありますが、本来建築、とくに内装は素人が手をつけやすい分野です。もちろん柱を切ったり構造を変えるのは危ないので注意を要しますが、失敗しても危険なことにはならない内装などは非常にいい題材だと思います。家の改修は多くの人を巻き込むのによい機会であること、お金で解決しないほうがよい面もあるということをここで学びました。

生活を充実させながら少ない元手で仕事をつくる基本作戦

やってみると思った以上に生活に余裕ができたので、「支出を面白く削る→技や余剰分を他人に提供する→仕事になる＝生活を充実させながら少ない元手で仕事をつくる」という流れの基本作戦ができました。

じつは会社員のとき、1回だけ起業しようと考え、こっそり3人くらいで夜な夜なミーティングをしたことがあります。支出を面白く削るということではなく、何か儲かりそうなことはないかと毎週集まりましたが、何をやっても当たりそうにない。何か儲かりそうなものはないかと話していると、すでにやっている人がいて、強力なライバルになりそうだ、となります。そもそも会社勤めで忙しい中で、あまり興味はないけれども儲かりそうだということだけではエネルギーが湧いてこない。

いずれにせよ、生活しているとお金はふだんからどんどん出ていきます。つまり、支出を削るということは間違いなく誰にも当てはまるわけです。何か儲かりそうなことに手を出して、何だかよくわからない事業をやって、それが外れるということはよくありがちですが、支出は100％出ていくわけですから、それを面白く削るというのはじつは一番手堅いことです。その一番手堅いところからやろうということです。

そのためには、何かの技が必要となります。家の場合、支出を面白く削るためにぼろい家をあくまで娯楽として直して家賃を下げます。娯楽にするのも工夫が必要です。たとえば、一緒に作業をしている人たちには得意不得意があるので、暇そうにしている人がいたら、「あそこの壁塗りがあります」と指示することで暇な人が出ないようにする。作業が終わった後にみんなで温泉に行ったり、バーベキューをする。楽しくするにも、ちょっとしたさまざまな技がある。そうした生活の中から生み出す技をほかの人に提供できたらだいたい仕事になる。

つまり生活を充実させながら少ない元手で仕事がつくれるということになりますが、しかし、これ

モンゴル武者修行＝旅と教育
田舎で土窯パン屋を開く＝教育
遊撃農家ミカンと梅＝農業
古座川ハナアミ＝手仕事
シェアオフィス＝場所
古今燕＝貸別荘
木造校舎ウェディング＝冠婚葬祭
全国床張り協会＝ DIY サポート
新型ゲルレンタル＝レンタル業
書籍の執筆＝研究
たまに講義＝教育

図2　ナリワイ一覧＝おすそ分け一覧

はけっこう簡単そうに見えて意外にできないことも多いのです。起業して仕事を始めて売上が増え、それだけを追求していくと自分の生活が圧迫されてきたりする。油断すると僕もそうなりそうなときがありますが、たとえば日本の食生活をよくしたいという活動を始め、健康にいいものを売っているうちに忙しくなって、自分はカップラーメンを食べているような事態に陥ったりする。こういうことになっては何のためにやっていたのかということになるので、「生活を充実させながら」というのが大事だと思います。

その流れで見ると、じつはあらゆる分野で仕事はめちゃくちゃあるのだということがわかってきました（図2）。たとえば「旅と教育」分野の「モンゴル武者修行ツアー」（図3）。既存の観光は、珍しいものを見に行くとか名所に行ってスタンプを押すみたいな観光ばかりです。モンゴル人と相撲をとって勝つか負けるかとか、近所のちびっこと競馬で勝負できるまで乗馬修業をするとか、モンゴル料理をつくれるようになるとか、そういったことをひたすらやるワークショップです。これはたまたまモンゴルですが、ほかの国や地域でもできる汎用性があります。

図3　モンゴル武者修行ツアー

一方「教育」分野。ファッションデザイン、服飾専門学校では年間200万円とか300万円、安くても100万円ぐらいかかる。ところが、卒業後3年の動向を聞くと、30人中3人くらいはその分野の仕事をしていますが、あとの人は全然違う仕事をしている。僕の友だちは帽子系のコースに通いましたが、帽子をつくるのではなく帽子の在庫管理の仕事をしていて、近いけれども全然近くない。そういう専門学校に年間何百万円も投入して、意味のある仕事ができないのにお金ばかり大量に投入している。なぜそんなにお金がかかるのか。ゼロから校舎をつくって、専任の講師を雇い、専門の事務員も必要。しかもその校舎が一等地にあれば当然コストがかかる。お金がかかって当然です。

そういうものは全部やめてしまえばいいと考えて立ち上げたのが、「田舎で窯焼きパン屋をひらく」という教育分野の事業です（図４）。藤山先生もパンの話をされましたが、パン屋というのは意外に田舎で不足しています。けっこうパンを食べるわりに、パンをつくっているところが少ない。パン屋は田舎のナリワイの有力候補の一つですが、それを習える場所がない。都会の専門学校でパンの修業をしようと思ったら、基本的に都会の駅前に店を構えて設備投資をするタイプのパン屋の教育しかやっていない。この「田舎で窯焼きパン屋」コースでは、１週間ぶっ続けでパンを焼きまくります。夜は田舎でパン屋をやっているおじさんと語り合いながら人生相談をしたり、家の借り方、保健所との折衝の仕方まで教えてもらったりします。そして、１週間でここを卒業すると、あんパンからカレーパンまでどんなパンでもつくれるパン屋にはなれませんが、ドイツ系のパンとか、がっしりしたパンをつくるパン屋を開業できます。実際に開業した人も何人かいて、専門学校に比べたら圧倒的な開業率

図４　中山間地域でのナリワイの例

だと思っています。ここで修業した人の30％か40％ぐらいは田舎暮らしをしているので、かなりのヒット率です。それは実際に田舎で暮らしてパン屋をやっている人に直接教わるからです。

ちなみに専門学校の弱点は、結局これも「専業」の問題だと思います。専門学校の先生はパン屋さんではなく、パンの専門学校の教員スタッフなので、本人にパン屋の経験値がないのです。パン屋さんをやっていない人から教わってもパン屋さんにはなれないかもしれない。税理士専門学校で先生をやっている人は、税理士を開業してもうまくいかないから先生をやっているようなことがあったりとか、これもまた矛盾した話です。世の中を見渡すと、パン屋さんは、都会の矛盾と田舎でできることがうまくかみ合ったナリワイだと思います。いろいろな文化圏、場所での生活を体験していると、仕事を生み出しやすくなってよいのではないかと思います。

どんどん支出を減らせばどんどん仕事になる

僕は最近、田舎に都会の人を呼び込む動きも非常に重要だと思うと同時に、田舎にずっと住んでいる人が1～2カ月ぐらい東京に行くことも重要ではないかと思うようになりました。そうすると、「都会の生活はこんなことでいいのか」といった問題意識が芽生える。都会に1～2カ月移り住んで、都会の人がどんな生活をしているのかを調査する機会をつくると面白いのではないか。田舎に帰ったら、訪れる都会の人のためにどんなことをしたらいいのかが、より精度高く考えられるのではないかと思ったりしています。今後はそれをちょっとやりたいと思います。

「遊撃農家ミカンと梅」というのは、僕も農学部を出たからには農業をしたいと思っていましたが、土地がない。最初のきっかけは、たまたま大学の同級生が農家になったことです。話を聞いていると、「めちゃくちゃ忙しい」と言う。農家としてはできれば自分も買ってくれる人に直接農産物を渡したい。しかし、夫婦2人でやっているのでものすごく忙しく、インターネットなど見ている暇が少ない。やむなく大規模流通業者に収穫したミカンや梅を大量に買い取ってもらうということになる。大量に仕入れてくれるのはよいけれども、どうしても買い取り価格は低いし、誰が買っているかわからないことが悩みだという悩みがある。

彼は同級生なので電話がかかってきて、「おまえは暇に違いないから収穫を手伝え」と言われたので、とりあえず行くことにしました。「声をかけられたらお金になるかわからなくてもとりあえず行く」ということも、仕事をつくるうえで大事なことです。行ってみると、いろいろと問題が明らかになりました。

僕はそれまでネットを使って自分で売ることができれば、農業もけっこういけるのではないかと思っていましたが、実際に現場に入ってみると、忙しくてそんな暇はないということがわかりました。

肉体労働をし、夕食を食べて、ビール1杯飲んだらもう終わり。メールを見る気力も湧かない。農家が自分でネット販売をするのはけっこうむずかしいということがわかりました。

僕はメールを見るのが比較的好きだし、仕事でも普通に見るので、ネット販売の部分だけ手伝ってあげればいいのだというきわめてシンプルな話で、ひたすらミカンを売りまくっています。

図5　ナリワイ遊撃ミカン農家。梅農家、サクランボ農家にもなる

ただミカンを売るだけでは流通業者と変わらないので、せっかくなので収穫もやることにしました。そして、収穫しながら、ツイッターやフェイスブックなどで「今はこんな収穫作業をしています」などと写真を掲載していると、「こいつはちゃんと収穫して売ろうとしているらしい」という信頼感のようなものが生まれ、物が売れていく（図5）。

そういう仕事をしていると、何が起きるか。支出が減って収入が増えます。僕は観光ツアーに行く

・ツアーが不要になった＝40万円／年
・専門学校に行かない＝100万円／一生
・家は自分で直せる＝50万円／軒
・結婚式は自前でできる＝150万円／一生
・オフィス料金＝40万円／年
などなど

図6　支出が減って収入が増える

必要がないので、年間40万円ぐらいは浮いている。1回行くと100万円かかる専門学校に行かなくてすむ。もしパン屋になりたいと思ったら、パン屋をやっているおじさんのところに弟子入りして、1週間みっちりやってパン屋を始める。そうすると100万円ぐらいは節約できる。

さらに、家を自分で直せるとなったら、最低でも1軒50万円ぐらいは節約できる。廃校の木造校舎を使った結婚式の仕事もやりましたので、結婚式も自前でできる。一生に1回として、150万円ぐらいは節約できる。支出がどんどん減る一方で、これらが全部仕事になるので、合わせ技で収入が増えるということになります（図6）。

パン屋の学校では、廃校の木造校舎を使ってパン屋をやっている夫妻に直接教えてもらい、パン屋になります。どういうわけかパンの専門学校に行っている人が来たりします。どうも教えている内容が違うようで、田舎でパン屋をひらきたい人にとって必要なことが、都市部のパンの専門学校はあまり教えられていないということだと思います。ここでは小麦も栽培しているので、小麦づくりからパン屋を始めたい人も来たりします。

このパンの学校のよいところは、いちいち学校を構えるコストがかからないことです。ふだんからパン屋をやって普通に生きていて、申し込みがあると、「何月何日から1週間来てください」と言って、そのときだけ学校になります。僕にとっても、この夫妻に取材して、どんな人に来てほしいかをまとめて発信する仕事なので、あまり元手がかからずにできます。いろいろな困りごとを解決していけば小さくても手間も初期投資も小さい仕事が増やせます。

パン屋の学校を始めたきっかけは、僕がモンゴルツアーをやっていると聞いたこの夫妻に、「自分たちの住む熊野川町（現新宮市）で田舎暮らしツアーを企画してほしい」と言われたことです。ネットを検索してみると、何万件もの田舎暮らしツアーがありました。こんなにライバルが多い分野でやったらろくなことにならないと思い、ならばパンの学校と組み合わせた田舎暮らしツアーをやってみようということになりました。そのタイトルが、「田舎で土窯パン屋をひらく」。「田舎」と「土窯」と「パン屋」という三つのキーワードが入っているので、その三つのキーワードでグーグルを検索すると1位に来ます。ただの「田舎暮らしツアー」だと何万件もあるから埋もれてしまう。埋もれると何が起きるかというと、広告料が必要になってくる。そこでまたお金が出ていってしまう。そういうことはもうやめていこうということです。

あるものを生かす編集者の仕事

図7、8　古座川ハナアミ

僕は自分が編集者でもあると思っていて、あるものを組み合わせて生かすのが編集者の仕事だと思っています。僕がたまたま試しに山村に住もうと和歌山県の古座川町に1カ月くらい住んでいるときに、おばあちゃんたちが野草を編んでつくる花飾りの「ハナアミ」を発見しました（図7、8）。おばあちゃんたちはハナアミをつくっても、何に使ったらいいか困っていまし

図9、10　結婚式におばあちゃんたちの花飾りを使う

た。田舎では見慣れた花なので、高く売るのも気が引ける。とても気のいい人たちで、ゼロ円で拾った野の花を500円で売るのにも勇気がいる。自意識と世の中の価値観のズレが大きい。

そのころ私は20代の終わりで、アホみたいに友だちの結婚式に呼び出されることが多く、年収の10％をご祝儀に奪われていました。(笑) 友だちに結婚式の予算を聞くと、けっこうかかっていて、花代がまた高いと言います。

ちょうどそのころ、僕の髪を切ってくれている美容師さんが、結婚式を自分でやりたいという希望を持っていました。結婚式に呼び出されまくって既存のシステムに怒っていた僕と一緒に結婚式をつくっていくことになり、その結婚式に、古座川のおばあちゃんたちの花飾りを使ったのです(図9、10)。

おばあちゃんたちの花飾りを結婚式に使うと、とても価値が上がります(図11)。最初は500円で売るのも怖い、嫌だと言っていたおばあちゃんたちに、「僕の友だちの結婚式だからクレームは私の責任です、安心してください」とか言って、80個ぐらい編んでもらい、十何万円かお渡ししました。すると、それまで何回も寄り合いを開いて、「500円で売るのは許されるのか」とか、「1000円でいいのか」「虫がついていてクレームが来たら誰が責任をとるのか」という話を心配していたのに、そういう話がいっさい出なくなってしまいました。

そこで1個の仕事をつくるということがいかに重要なことかを実感したわけです。ひとたび実績が上がると、「孫にお年玉を出せる」といった話になっていく。おばあちゃんたちは、とても元気になりました（図12）。

図11　式場の廃校（公民館）入り口にも花飾り

図12　ナリワイは元気が湧く仕事

それが自分で仕事をつくるナリワイのすごいところだと思います。人はたんにお金だけで生きているのではないというのは当たり前のことですが、年金などでお金がある状態でも、自分で稼いだ実感があるお金を得ること、そして人に直接必要とされることがいかにすごいことかということを、おばあちゃんたちにあらためて教えていただきました。

おばあちゃんたちは最初はとても口数が少なかったのですが、最近、新聞や雑誌の取材を受けているので、この前行ったらめちゃくちゃおしゃべりするようになっていて、びっくりしました。（笑）よどみなく自分たちの活動を説明できるようになっていました。（笑）すごくいいことだと思います。

今、少し考えているのは、「田舎に編集者が不足している」ということです。編集者とは、いろいろな要素を組み合わせて、誰に届ければそれがいい情報になるかを考える職業ですが、一般的には雑誌をつくる仕事だと思われているので、東京などの大都市圏に集中している。また、編集者自身もそう思い込んでいて、田舎で仕事はできないと思ってしまう。ただ、いろいろな要素を組み合わせてあるかたちにして世の中に提示する人は非常に不足しています。

古座川のおばあちゃんたちの花飾りを見たときに、当時、僕の頭の中で結婚式問題が渦を巻いていたので、絶対に結婚式に使ったらいいと思いましたが、ずっと古座川にいるおばあちゃんたちだけではそういう発想はなかなか出てこなかったと思います。

このように考えると、逆に、田舎のほうが編集者の活躍の場所が多いのではないかと思えてきます。僕は、仕事をするだけではなく、いろいろな仕事をつくるというのを自分の任務にしているので、バーの店長などいろいろな体験をしています（図13）。いろいろ体験しておくと、後で何か素材を見つけたときにそれをつなげたり組み合わせたりするのに役に立つようになります。これは編集者にとって大事です。

図13　ごくまれにバーの店長も

ナリワイは非高度経済成長型の家計運営

通常は年収が上がると忙しくなり、マッサージに行ったり病院に行ったりしてお金がかかってきます。いったんそういう生活に入ってしまうと、支出だけ高止まりして削ることはむずかしいので、結局仕事をやめられなくなってしまう。倒れるまで走り続けることになります。しかし、ナリワイは支出が下がり、収入が増えて、余裕ができ、健康が上向くので生活をコントロールしやすい。売上の高さで見ていくとあまりいいことはなくて、売上や仕事の内容を見て、生活の質、バランスにどう貢献しているかを見ていく必要があります。
本当は、年収や売上ではなく、自分の生活や仕事をチェックする会計システムのような指標を考えたほうがいいのではないでしょうか。講演の機会をいただいて話をしても、結局最後に、「それで伊藤さんの年収はいくらですか?」といった質問が多くて、全然理解されていないことに愕然とします。(笑)
支出と収入と生活のバランスが合っているのかということをきちんと見なくてはいけない。年収というのは要するに入ってくるだけですから、入ってくる分だけを見ていると生活を新しく組み立てることが全然できません。もう少し支出のほうにも目を向けていったほうがいいのではないでしょうか。
ナリワイの「支出を減らしながら収入を育てる」という考え方は、要するに非高度経済成長型の家計運営ではないかと思っています。高収入ではないけれども、低支出でいかに生活の充実を図るか。儲かる仕事には当然ながら激しいバトルがあります。そんなに儲からなくても、生活の質が高まる仕事を何個も持っていたほうが健康的でいいのではないか。僕は東京に住んでいますが、ナリワイには支出を削れる余地が非常に大きい過疎地のほうが向いていると思います。

床張りは現代社会の必須教養

そして「現代の教養」として、ぜひみなさんに身につけておいてほしい技が「床張り」です。なぜか。

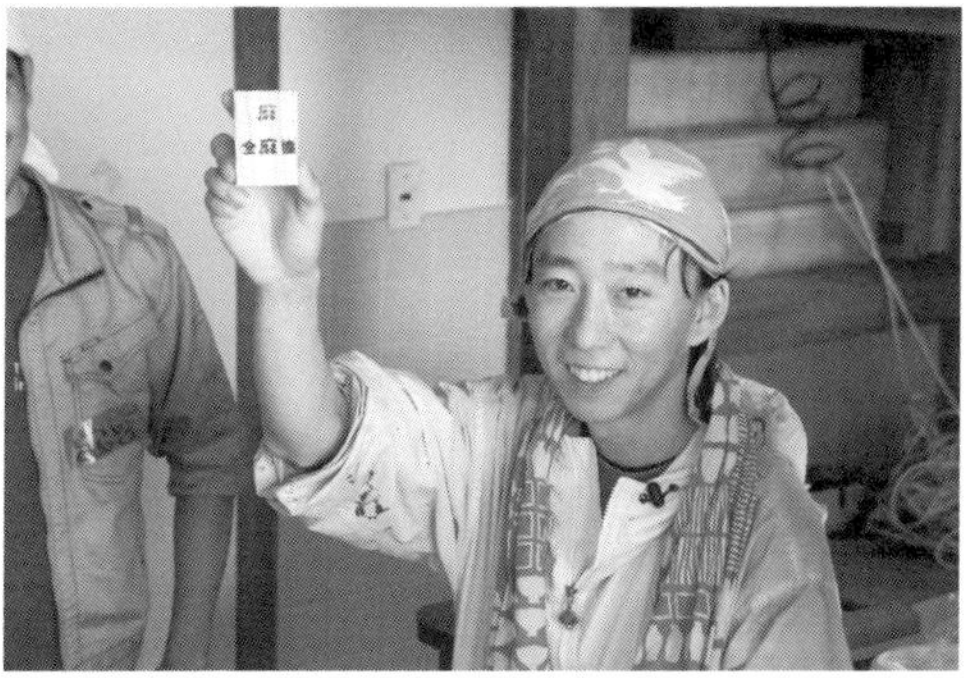

図14　全国床張り協会結成

図15　みんなでやる床張りは娯楽性も高い

結局一番重要な支出のポイントが家だからです。いろいろな家を直してみて、床が張れたら家はだいたい直せるということを発見しました。そこで全国床張り協会を立ち上げ、みんなで床張りを覚えようということをやっています（図14）。まわりに床張りの人がだんだん増えてきて、相当大きな家も10人くらい集まって、みんなで一緒に直せるようになってきました（図15）。

床張りの参加費は1回3000円か5000円ですが、みんな、「床を張る練習だけはしたい」と言います。極端な話、家を直す技を身につけるには大工の専門学校に行くか独学でやるかの二者択一しかありません。専門学校に行くと3～4年はかかるので、そこまではできない。床だけでも張れたら、10万～50万円下がります。建築関係者に聞くと、天井と壁は家具などを置いたりして隠れるので、本当に予算がなかったら、照明と床だけ直せば部屋の雰囲気がよくなるそうです（図16）。

図16　立派に床張りができるようになった

床張りをみんなでやるのも、なるべく過程を共有しようということです。そうすると、いろいろなところで人がつながっていきます。結婚式をやることになったときも、床を張ったり家を直したりしているうちに知り合ったインテリアデザイナーの友だちに会場の装飾をお願いすることにしました。

過程を共有するという意味では、新郎新婦に会場の掃除をしてもらいます（図17）。新郎新婦に結婚式をつくる過程に参加してもらうと、クレームが出なくて非常にいい。（笑）なぜこんなにもクレームが多い社会になってしまったのか。あまりにも専門化してどんどん人の関わりがなくなり、分断化されてものが見えなくなってしまったからだと思います。見えなくてよくわからないものには、いくらでも文句が言えます。内容がちゃんと理解できていれば、許されるミスと許されないミスということがはっきりわかってきて、見方がより具体的になってくるので理不尽なクレームが出なくなる。新郎新婦が掃除をしている動画を撮っておいて、結婚式の参列者の前で流すと、「この2人ならやっていける」というい感想も得られます。（笑）

図17　新郎新婦に結婚式会場の掃除をしてもらう

個人向け、個別性の高いサービスに規模はあまり関係ありません。そもそも大規模にやれるわけがない。そういう意味でも冠婚葬祭はナリワイとしていいかなと思います。

床を張ったり家を直したりしていると、家を直す技術がどんどん向上するので、田舎で家を直そうとなったとき、すぐに直せます。田舎には「定住―半住―通い」の連携が必要だと思い、半定住者のための家もつくっています。

「仕事と生活の調和」は世界的なテーマ

図18　田舎の廃校に新刊書店を誘致

田舎で仕事をつくるときの作戦は、あればいいと思うものを無理のないかたちで素直につくるというものです。田舎にお世話になるとき、家庭教師が少ないというので家庭教師からスタートしました。そして、都会から移住しようとする人が、田舎には本屋がないので二の足を踏むという話を聞いて、廃校を利用したカフェ×本屋の開業を支援しました。店主は移住した友人です（図18）。また、JAの空きビルがあるというので、少し改装してデザインセンターにしようとしています。それも、いろいろな人が興味をもって行きたいと思うけれども、入り口になる場所がないというので、短期滞在できる場所にするために「勝手に始める地方創生　世界遺産、熊野古道の山村にあなたの『フルサト』をつくるプロジェクト」として、クラウドファ

図19、20　セルフビルド大国タイへ家を建てる武者修行ツアー

図21、22　鍛冶を習ってナタづくり。自分の生活をつくり上げる技をどんどん身につけていく

ンディングで出資を募りました。出資を募るのは、お金を集めるためでもありますが、いろいろな人がプロジェクトに参加するための入り口と考えるといいのではないかと思います。

「仕事と生活の調和」は世界的なテーマです。地方―東京だけではなく、異なる文化圏とも連携するために、タイの山間地を現地の人と一緒に研究しようということになりました。セルフビルドの先進地であるアカ族の村で家を建て、鍛冶を習ってナタづくりをする「タイ武者修行ツアー」です（図19、20）。アカ族のおじさんたちとけっこう仲よくなり、「自分たちが建てた家ならいつでも泊まりに来ていい」と言われています。そうやって自分の生活をつくり上げる技をどんどん身につけていく基盤を開拓していきます（図21、22）。

『ナリワイ』は韓国語版も出版されました。結局、世界中の都市の人が、同じような「都市の生活がきつい」「ストレスを溜めて貯めたお金でストレスを発散している」という悩みで困っています。そういう意味では、この報告の「イキナリ・ナリワイ・フルサトをつくる」というお題はとても大きな意味があるのではないかと思います。そして、現代のテクノロジーを駆使して、自然と調和した生活体系を生み出せる場所が中山間地域ではないかと思います。後段は駆け足になってしまい恐縮ですが、これで終了させていただきます。（拍手）

◆その後の私――「180万円で住居をつくる」プロジェクト計画

ナリワイを考案し実践する活動を続けていますが、次のチャレンジとして農村部で「180万円で住居をつくる」プロジェクトを計画しています。

賃貸文化があまりない農村部においては、移住希望者が多くてもすぐに住める家は多くはありません。貸してもらえる空き家を探しているうちに何年も経ってしまい、移住の熱が冷めるというような

 こともあります。これは、目に見えない待機コスト。運よく借りられたとしても空き家の多くは改修が必要ですぐには住めません。またせっかく改修コストをかけても、大家さんの気が変われば突然退去を求められるというリスクもあります。とにかくややこしい。

そこで、「建ててしまったほうが手っ取り早い」ということで、縁があった遠野市でプロジェクトを立ち上げることにしました。田舎においては、思い立ったらすぐに移住することを可能にします。廃棄物を活用したり、工業製品を住居に転用するなどさまざまな手法を調査検証する予定です。これまでにも個々人の創意工夫で、ローコストのセルフビルド住宅を建てている事例はありました。そういった方々の経験も拾い集め応用可能な部分を研究できればと思っています（２０１６年６月付記）。

図23　タイ武者修行（2015年11月）

実践報告1

過疎地×古本屋×障がい者支援
過疎とたたかう古書店と「自分ごと」

——無理しない地域づくり

有限会社エコカレッジ代表取締役・NPO法人てごねっと石見副理事長　尾野寛明

父の死をきっかけに大学入学早々学生起業

こんにちは、尾野と申します。私は三つの顔を持っていて、まず、島根県の山奥で古本屋の社長をやっています。それから就労Ａ型（就労継続支援Ａ型）という障がい者就労支援の事業所の施設長をしています。最近はこちらの比重が大きくなってきていて、耕作放棄地を片端から再生するような事業に今は転換しているところです。そのかたわら、全国14カ所で人材育成塾をやっていて、地域づくりの担い手の小さな輪を広げているところです。個人的に、今は中間支援ＮＰＯの時代だと思っていて、その人たちが行政の手の届かない、新しい分野で「こんなことがあったらいいな」という事業を行政のかわりに行なうということを進めています。

その３本立てでいろいろな仕事をしていますが、今日は時間の関係で中間支援の話まではできないので、古本屋と障がい者就労支援について、伊藤さんの言葉を借りるなら「私のナリワイづくり」のお話ができればと思っています。

尾野寛明氏

ちなみに私も１９８２年生まれで、伊藤さんと同じです。衝撃でした。（笑）古本屋は２００１年に東京都文京区で創業しました。もう創業15

年になります。創業の地はこの会場（東京大学弥生講堂）から徒歩10分くらいの白山通り沿い、文京区千石です。大学入学早々、インターネット通販の古本屋で小遣い稼ぎを始めました。業界用語で「せどり」というのですが、ブックオフの100円コーナーで価値がありそうな専門書を仕入れ、それをアマゾンで転売するのです。そんなことをやっていたのですが、いろいろなご縁で2006年に島根県の川本町に移転しました。

そもそもの起業のきっかけは、高校3年のときに父親ががんで亡くなったことにあります。父は中堅というか、ほぼ大手の企業でITの統括などをしている猛烈サラリーマンでした。ちょうど「2000年問題」でシステムが暴走するのではないかと言われていたときにシステム統括部長をやっていて、ほとんど家に帰ってこない生活をしていました。気がついたら末期がんが進行していて、そのまま死んでしまったのです。それが高校3年のときだったので、私は会社というものに捉われず、最初から起業してやろうと突っ走ってきました。この15年間、なんとか死なずにここまで暮らしてこられてよかったというのが、本当に正直な感想です。

過疎とたたかい、過疎地の強みを生かす

川本町は、かつては人口1万2000人いたそうですが、今は3500人です（図1）。その山間

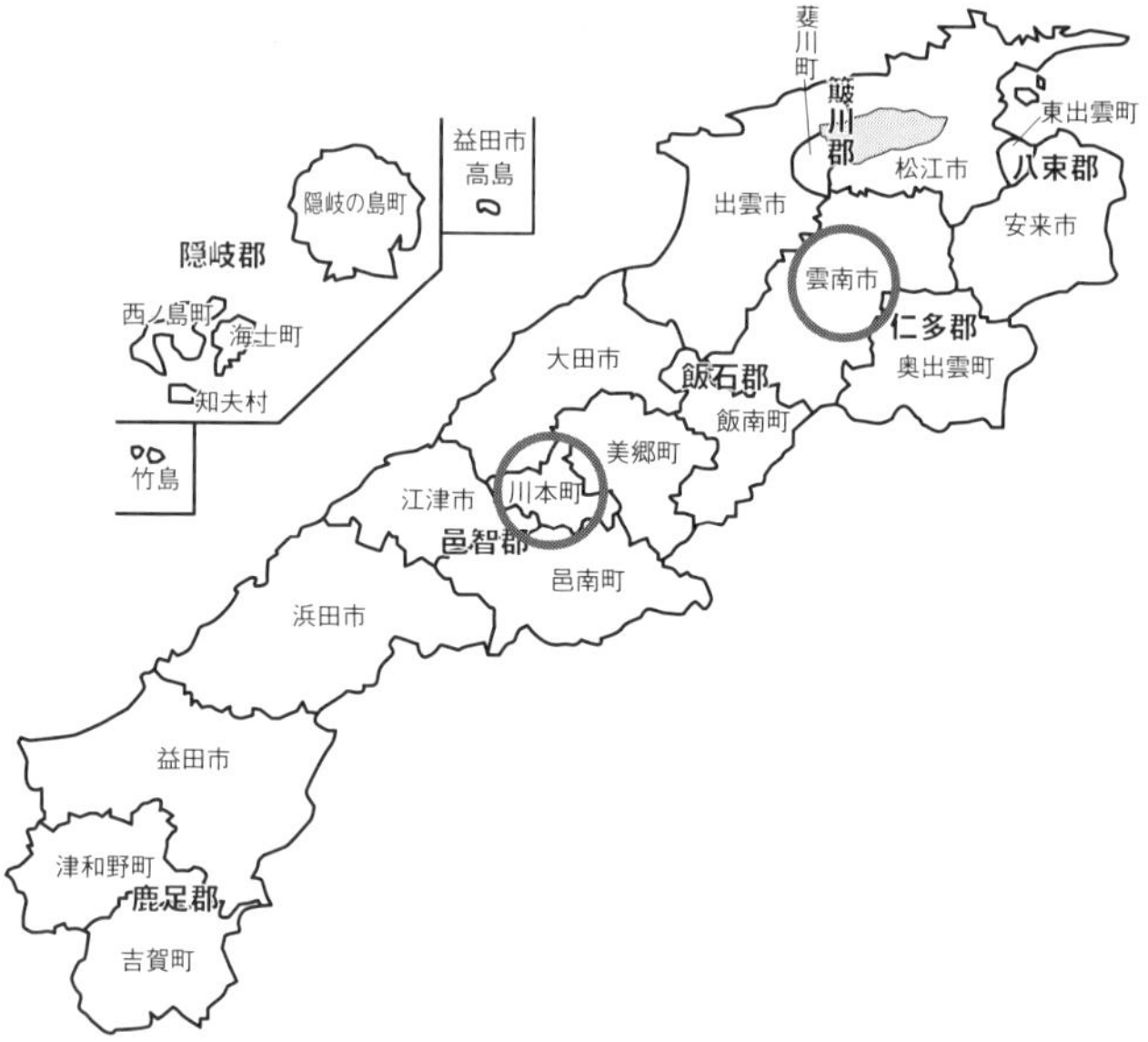

図1　活動の拠点は川本町と雲南市

部の町の商店街に本社はあります。昔は「銀座」だったそうで、地元の人がいつも「昔の栄光」と言っている中心地です。人と肩がふれ合わないと通れないような町だったらしいのですが、今はこのように衰退する商店街になっています（図2）。

その商店街のど真ん中にこの「紙屋」と書かれた本屋があります（図3）。ここが本社です。移転は2006年ですが、さかのぼること2年の2004年に紙屋書店が閉店してしまったのです。町で唯一の書店なので、なんとか再開させたいという町の方々の思いにふれ、この場所に移ってきたのが最初でした。土地も建物もこの間買い取ることになったのですが、正確に言うと私は4代目として引き継いだということになります。

そうした中、インターネット通販専業ということで、この田舎町から私たちが本を毎日発送していますが、扱っているのは本当に専門書だけという本屋です。コミックとか小説とかはいっさい取り扱いません。経済とか法律とか医学書とかの専門書ばかりで、価値はあるのですがなかなか売れません。平均の回転年数で5年くらいかかるのです。ブックオフでは、仕入れた本の半分は1カ月〜3カ月くらいで回転しま

図2　かつて「銀座」と呼ばれた商店街

図3　町で唯一の書店「紙屋」

す。それくらい古本というのは売れるんですね。しかしうちは5年間売れない。専門書というものがどれくらい売れないかということを、みなさんおわかりいただけるのではないかと思います。それでも捨てるのは忍びないので、家賃の安い過疎地で保管していこうということです。過疎地のそうした機能を使って半永久的に保管し、価値が出たらお客様にお譲りするという商売になっています。

日本最安？　1万円のビルと店舗

「過疎地の強みを生かす」「過疎と戦うインターネット古書店」というキャッチフレーズでやってきていますが、一番の強みは格安の家賃ということです。東京から島根に移転させた瞬間に、家賃が100分の1になりました。東京都文京区でやっていたときには、10坪の倉庫とオフィスが10万円でした。この紙屋書店の本社は、100坪で1万円という破格の家賃です。というか、それが当たり前の相場なのです。こちらの相場では、固定資産税が払えればいい。固定資産税イコール家賃になっているので、島根県民からみると別に驚くことではありません。これが古本を扱ううえでの一番の強みになっていて、過疎地の一つのデメリットをメリットとして生かし、いま蔵書を増やしているところです。

本は発売後一定期間（3年程度）経つと、アマゾンで1円本として安価に売られます。それを過ぎる（７、８年後）と価格が上昇に転じます。そのため、長く保管しておく場所が必要となるのです。

在庫もだいぶ多くなりましたので、東に80㎞ほど行った雲南市の棚田の真ん中のミシン工場跡地に倉庫を増設し、今はここを流通拠点にしています（図４）。こちらは７００坪で家賃７万円で、現在15万冊ほどの蔵書があり、まさに本のジャングルのようになっています（図５）。日々、注文が来たら梱包し、ひっきりなしに運送会社が出入りするようになっています。どんな過疎地へも郵便局とヤマト運輸は集荷に来てくれます。

図４　雲南市の棚田の中のミシン工場跡地に倉庫を増設

図５　700坪、家賃7万円の倉庫に現在約15万冊の蔵書

図6　1日中、本の棚を詰める仕事

障がい者雇用と古本は相性がいい

そういうかたちで古本を扱ってきていたのですが、今はひょんなきっかけから障がい者雇用に主軸を移すようになってきました。古本と障がい者雇用というのは非常に相性がよいのです。ネット通販なので、本を一冊ずつネット上に出品していかなければいけない。これは非常に手間がかかります。ただし、その人に合わせて仕事の量が調整できるという、これまたすごいメリットがあります。本当に重度の障がいを持っている方で、今日は10冊頑張ろうとやっている人もいれば、一人前以上に働けるから今日は１００冊頑張ってみようという人もいる。パソコンさえ、マウスさえ使えれば誰でもできる仕事ということに気づいたのです。

それから本はめちゃくちゃに重い。15万冊もあると、ネット通販なので棚から歯抜けして本が売れていきます。その売れた本の補充をしないで、完全に仕入れた順に並べる、いわばアマゾン方式の管理方式で、売れたものをどんどん順番に詰めていかないといけないんですね。そうすると、ここの手間が大のおとなでも3カ月ぐらいかかります。彼は軽度の知的障がい者なのですが、本当に彼も一人前以上の戦力で、1日中、本の棚を詰めるような仕事をやってくれています（図6）。そのように、今、さまざまな仕事をつくり出しているところです。

耕作放棄地、獣害対策――過疎地の困りごとを解決する障がい者就労支援

2014年の4月から、就労支援A型事業所の認可を島根県からいただいて、今、20名弱の方に働いていただいています。これは雲南市の流通拠点のほうで実現しました。

就労A型とB型というのがあるのですが、基本的にみなさんが想像される障がい者の事業所はB型です。工賃が1万円から3万円ぐらいで、軽作業をするようなところですが、工賃向上が国として課題となっています。

就労A型は、通常の企業に雇用されることが困難な身体、精神、知的障がいのある方や難病の方に「働く場」を提供する事業です。利用者のみなさんは、実際の業務や職業訓練を通じながら、職業技能や体調管理能力などを身につけ、最終的に一般就労をめざしていきます。A型の特徴は雇用契約を結ぶことで、島根県の最低賃金が保証されることです。

A型事業所は、重度の方の社会復帰を達成する大事な役割を担っているので国もA型を増やそうという方針を出しているのですが、島根県内にB型が200カ所あるのに対して、A型は26カ所しかありません。10対1という状況です。他県もたぶん、同じようなものでしょう。都市部だともう少し多くなります。

雲南市という人口減少エリア、過疎地で、エコカレッジのようにA型をやるのは前代未聞だとよく言われます。おそらく全国でも初めてなのではないかと思います。誰に聞いても、「おまえのやっていることはむちゃくちゃだ」といつも言われます。実際、1年間やってみて、全然儲かっていません。それはそうです。A型もB型も国からもらえる金額、点数は同じです。それでいてかたや最低賃金を支払い、かたや支払わないわけですから、なかなかむずかしい。

また都市部だと、工場などいろいろなところから仕事をもらってきて軽作業をすることは可能ですが、うちはたまたま古本というものがあったので、仕事もつくれています。ただ、古本だけだと20人分の雇用をつくるのはなかなか至難の技で、今は半分が古本の仕事です。もう半分の仕事は何か。地域の高齢化が一段落してきて、山間部のシルバー人材センターがどんどん人材難になってきています。シルバー人材はどこにいるのかというと、地域の住民自治が進んで、住民自治組織のほうに人手が取られています。そこで支え合いの地域づくりを頑張っておられます。シルバー人材センターに登録している暇もない。そういうことで、いろいろな担い手が減ってきて、これまでシルバー人材が担ってきたような仕事が、どんどんこちらに回ってくる状況になっています。

地元に知る人ぞ知る「吉田ふるさと村」という第三セクターの農産加工メーカーがあり、そこで耕作放棄地再生利用の仕事をしています。２０１４年までは０・５haくらいでしたが、今、３haになりました。専属の農業オペレーターが１人ということで限界がありますので、季節的に人手が必要な作業のときにお手伝いをしています。

ただしこれは前日に電話がかかってきます。たとえば「明日、ゴマのマルチの穴あけ作業があるから、10人出してくれ」と（図７）。明日ですよ、明日。むちゃくちゃですが、お天道さまには勝てないので、明日の仕事を今日考えるという感じです。本当に自転車操業状態で、それでもみんなで一生懸命20人分の仕事をつくるべく、職員も奔走してくれています。

シイタケなどは、雨が降ると翌日一気に生えてきます。そうすると、これは３日ぐらい前に「少し雲行きが怪しいので

図７　ゴマのマルチの穴あけ作業

シイタケが早く生えてきそうだ、人を用意してくれ」と電話がきます。そういう地域の「あれが困った」「これが困った」ということを互いに支え合う。それを障がいを持っている方が仕事にするということをやっています。

去年の秋は干し柿を3000個干しました（図8）。通称「柿泥棒」と称していますが、高齢になると、なかなか柿を取る力もなくなってくる。柿の実が地べたにぼたぼた落ちると、サルとかイノシシなどがそれを食べに来るという鳥獣害対策どころではない状況になってしまう。ですから、柿がなっている家があったら、ノックして、「すみません、こんな作業所をやっていますので柿を取らせてください」とお願いして取って干し、3割から半分ぐらいは干し柿にしてお返しするということをやったりしています。柿を取ると、たまにはお金を1000円ぐらいくれそうになるのですが、さすがにそれは丁重にお断りしています。

図8　高齢者の家の柿を取らせてもらって干し柿に

それから笹巻き団子の笹の葉（図9）。昔はおじいちゃんたちが山に分け入っていけば、取ってこられたのですが、今は山に入る人も減っていて、それでも笹巻き団子の需要は多いということで、かわりに笹の葉を取ってきて加工することをやったりしています。

今年の暮れからはしめ縄づくりも忙しくなりますし、キャンプ場の清掃や、地元の伝統和紙会社のコウゾ、ミツマタなどの原料を蒸す工程のお手伝いなど、地元で最低限必要な人手が足りていないところを、エコカレッジがお手伝いすることによって、障がいを持っていようがいまいが、誰でも地域を支える主役になれる場所をつくっていきたいと、事業を進めているところです。

図9　笹巻き団子の笹の葉を取ってきて加工

わずか20名の雇用ではありますが、これまで障がいを持つ人が養護学校を卒業しても、雲南市では雇用の受け皿がなかったんですね。たいていは松江市や出雲市などの周辺の都市に行ってしまうんですね。非常にもったいない状況です。藤山さんの報告にもあったように、やはり親しんだ地域に住むというのが一番効率的で、かつ、小さな循環を回すという意味で理にかなっています。これを少しでも地元の親元で暮らしていけるように応援していきたい。要望した方の中には3年後まで就職の内定をしている方も1人います。そういうかたちで少しずつ雇用を支えていける、そんな小さな存在になりたいと思っています。

地域自主組織×訪問看護ステーション×就労支援事業所で運営する世代間交流施設

古本の流通拠点にしているミシン工場跡地は雲南市と奥出雲町との境目にあって、車がないとなかなか通所できないので、雲南市内の三刀屋町というところにこれまた築150年の古民家で、書店の跡地だったところをエコカレッジへ寄附していただいて、そこを今は地域づくりの拠点「みとや世代間交流施設ほほ笑み」に改装するという事業を進めています。

そこは地域の自主組織である「三刀屋まちづくり協議会」、エコカレッジ、私が副代表を務めるNPO法人の「おっちラボ」、訪問看護ステーション「コミケア」の三者による共同運営です。山間部で民間が立ち上げる訪問看護というのはこれまた全国初のようです。そういう存在を、旧市街の町並みで書店を再生して、高齢者、障がい者、小中学生とかいろいろな世代間の人たちが交流していけるような場所としてつくっていこうと、熱血的に進めています。

そこでは3つの主要事業として、「交流・健康・書店再生」を進めます。

（1）交流の場・生きがいの場の創出

茶飲み場、ものづくり教室、障がい者・小中学生との交流

（2）看護サービスや健康情報等の提供

訪問看護事業、健康サロン、若手医療人材受け入れ

図10、11　2015年に仮オープンした「みとや世代間交流施設ほほ笑み」

（3）就労支援・書店再生および生活支援

障がい者就労支援、古本販売、地域清掃、空き家維持管理

「ほほ笑み」は今年6、7月に仮オープンしました（図10、11）。若い人が健康教室をやったり、おじいちゃん、おばあちゃんが月に5日集まってサロンをやっていますが、みなさん楽しみに来てお

られます。

交流施設は今、ふるさと島根定住財団から200万円ほど助成金をいただいて改修工事の最中です。天井や壁、トイレなどを改修し、床をバリアフリー化しています。空き家の活用が全然進まない地域なので、「みんなで空き家を活用したらこんなによくなります」ということをアピールする場所にもしていきたいと思っています。何でもない人が地域の主役になれる、そんな場所づくりをこれからやっていきたいと思っています。

中間支援組織の担い手を育てる「起業しないでもいい講座」

自主組織のみなさんは、地元を支えるすばらしい活動をされているのですが、一つの問題点は、自分たちで補助金を取りたくないところが多いということです。会計が面倒だし、企画書も書きたくない。事業終了後には最後に報告書も書かなければいけない。任意団体だと団体の責任の所在の問題もあったりする。私は「おっちラボ」という中間支援組織の人間でもあるので、そういうところを中間支援の人間として協力するようにしたい。将来的には、地域の方々は現場の苦労と思いと理想だけ語ってもらえれば補助金が取れて事業ができるようなところまで進めていきたい。

そうしたことを考えて、全国各地で地域づくりの実践講座「起業しないでもいい講座」というのを

姉妹講座（2015）

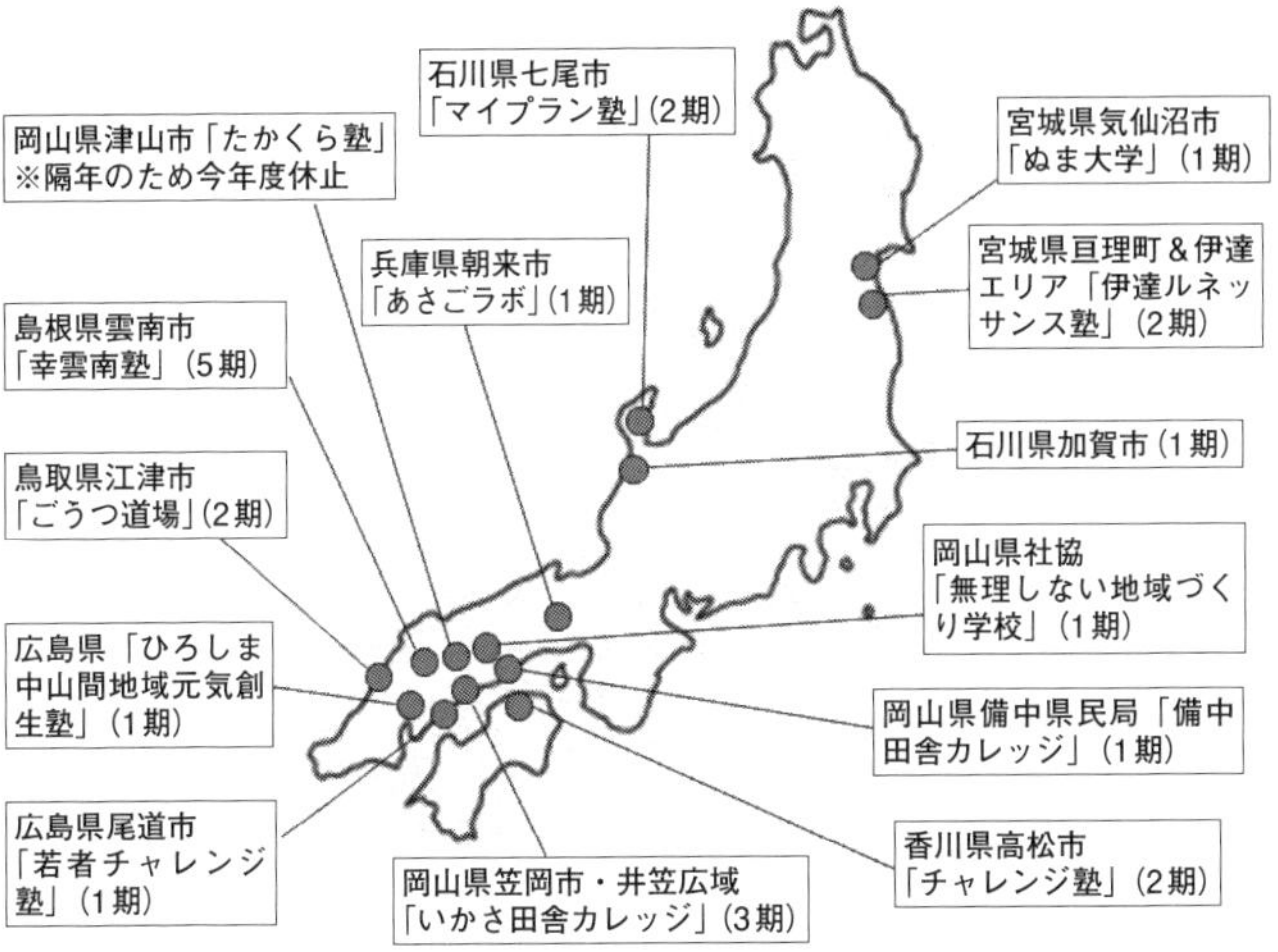

図12　全国14カ所で「起業しないでもいい講座」の姉妹講座

やっています。その中で50人から60人の小さな担い手をつくり、そこからみんなで、しかも会社を辞めないで中間支援組織というものをつくり、地域のみなさんと物事を進めていこうというようなことを各地で進めています。2014年まで全国で6カ所くらいでしたが、現在14カ所と急に増えてしまい、毎週土曜日は各地に行っているような暮らしをしています（図12）。

かけ算で考える「魅力的な仕事づくり」

そろそろまとめなければいけません。魅力的な仕事づくりということについて、二つ三つお話をさせていただきます。

まず私自身はこんなことを言いながら、東

京と島根を行ったり来たりしている人間です。個人的には無理に定住しなくてもいいと思っています。今は日・月・火曜は東京、水・木・金・土が島根とかその他もろもろ各地という暮らしをしています。嫁が田舎が大嫌いで、東京都の三鷹市に住んでいます。娘は一時的に義父母に頼み込んで上海に住んでいます。

そうやって気軽に都市と農村を往復できる、そんな生き方をこれからもっと工夫していったらいいと思います。2006年に会社を起こしたときからずっと、どれだけ借金をしても、1週間以上は島根県に滞在しないと決めてやってきました。

借金もだいぶしましたが、島根の山陰合同銀行さんには、本当にお金をよく貸していただいています。（笑）これも今日、申し上げたかったことですけれども、人口が減っていくということはネガティブな要素として捉えられがちですが、若い世代が少なくなるということは、相対的にお年寄りが増えるということです。そうなると銀行に預金が貯まりに貯まるんですね。これを若い人に何とか運用しなければいけない。したがって若い人が比較的借りやすくなっているということは事実だと思います。どこの馬の骨かもわからない、こんな私のような者が創業するのに銀行がお金を貸すなどということは、昔は絶対ありえなかったと思いますが、今は気軽に借りられる。制度も追いついています。そういう時代なのかと思ったりしています。

それと魅力的な仕事づくりということで言うと、報告タイトルも「過疎地×古本屋×障がい者支援」としましたけれども、Ａ×Ｂというかけ合わせで何かを考える時代なのかと個人的に思ったりしています。やはり古本屋単体では儲かるかというと、きびしい。障がい者雇用の事業所も、先ほど申し上げたとおりけっこうきびしい。では、なぜ成り立っているのかというと、両方一緒にやっているからだと思います。やはりそういうかたちでかけ算で考えていく。たとえば今のはやりで言うと、地域資源を観光とつなぐ「産業観光」もこれからのキーワードになってくると思います。あなたが何かを始めようと思うとき、ナリワイをつくろうとするときに、あなたのＡ×Ｂは何ですかというようなことを、ぜひ考えてみるとよいのではないかと思います。

そして魅力的な仕事づくりということでもう一つ、こんなことを申し上げるのは個人的には非常に恥ずかしいのですが、「新しいエリートとしての生き方」ではないかということです。藤山さんの「新たな１％の取戻し」――これは経済に限らず、人に関しても言えるのではないかと思います。今、いろいろな方々が地方にチャンスを求めて移住を進めています。事を起こしていく人たちは、けっこうなエリートが多かったりする。なぜあの人が会社を辞めてこっちに来たんだ？　というような人がけっこう多く、新たな中間支援の非常にすぐれた仕組みをつくったりしています。そういう新しい、本当に面白おかしい、こんなのがあったらいいと思える仕組みをつくっていく時代というのが、私にとっての魅力的な仕事づくりにつながっているのではないかと思ったりしています。

以上です。どうもありがとうございました。（拍手）

もう一つ、大事なことを忘れていました。（笑）私という人間の「生態」は、非常にわかりにくく、いろいろな方が私を書こうとして挫折されたのですが、『地域ではたらく「風の人」という新しい選択』という本には、初めてよく書けています（ハーベスト出版、２０１５年）。これは法政大学社会学部の藤代裕之先生のゼミ生が書いてくれたものです。本当にすばらしい本で、島根の風の人８人ということでリレー記事を書いていただきました。これがこの会場であと15冊くらい売れると、島根往復の旅費がようやくカバーできるらしいので（笑）、ぜひみなさんご協力ください。ありがとうございました。（拍手）

◆その後の私――名実ともに４代目紙屋書店オーナーに

川本町の中心商店街にある弊社本社には、「紙屋」と書かれた大きな看板がかかっている。ここは昭和初期から、代々書店が営まれていた場所である。この紙屋書店、これまで３名のオーナーが、それも血のつながりのない方々によってその看板が引き継がれてきた。しかし川本町も人口減が進み、もはや書店が成り立つような場所ではない。３代目のオーナーは、町外にて別の商売に鞍替えされ、

２００４年にこの紙屋書店は閉鎖し、川本町には一軒も本屋がないという状況に陥っていた。

私自身、大学院の研究調査で川本町のまちづくりの取り組みを視察に訪れたのが２００６年。そこで紙屋書店再生プロジェクトなるものがあることを知る。自身が当時東京で営んでいたネット古書店が高い家賃で悩んでおり、移転先を探していることを話した。話はすぐにまとまり、川本町へ本社丸ごと移転することとなった。家賃は１００分の1になり、劇的に経営が改善することに。

そんなこんなで移転して10年になる。これまで前のオーナーに家賃を支払って入居する状態が続いていたが、いよいよ覚悟も決めて土地建物ごと売ってもらうことになった。ということで、このたび、正式に4代目紙屋書店オーナーを襲名したことになる。初代は著名な書道の先生であったといい、２代目は、山陰合同銀行で出世された名家のご実家。３代目も先述の通り多角展開されている。みなさんすばらしい方々。

正直、書店というのは儲かる商売ではない。だから、そのときどきでオーナーが変わり、誰かの手で守られてきたものなのだと思う。ただ現代において新刊書店は都市部の大型書店でもない限りとても維持できるものではないので、今のところ古本屋。それでも、書店は書店。とはいっても専門書だらけなので地元の人々にほとんど役に立っていないかもしれないが。それでもこの看板を責任を持って維持していこうと思う（２０１６年6月付記）。

実践報告2

地域おこし協力隊から地産池消レストラン「ALE beer & pizza」を開くまで

株式会社ＹＥＬＬ取締役　髙木千歩

祖父母の地に「孫ターン」

みなさん、こんにちは。私は、新潟県十日町市から参りました髙木千歩と申します。まず自己紹介ですけれども、1973年生まれで、先ほどの伊藤さん、尾野さんの年齢からしますと、一世代上になります。

じつは私は十日町市で生まれました。両親がともに十日町市の出身でしたので、親戚一同みんな十日町市にいます。そういった意味で私の場合は、最近いろいろなメディアで言われている「孫ターン」のパターンになるのかもしれません。祖父母がいるところに、親世代を飛び越えて帰ったかたちになっています。

髙木千歩氏

小さいころから父親の転勤の関係で、7歳まで新潟市、13歳までは埼玉県の新座市、16歳までは兵庫県の伊丹市、その後、東京と、転々としながら育ちました。そういった意味で、「ふるさとはどこですか？」と聞かれたときに、いつも「十日町市です」と答えていました。実際に夏休みとか冬休みを利用して、ことあるごとに十日町市に行って、田んぼに入ったり川遊びをしたり、畑に行って野菜を取ってきてそのまま食べたり、それこそ今で言う田舎体験をして育ってきました。

東京で大学を卒業して就職するのですが、いろいろな会社を転々として、一番長かった会社が最終的にはＩＴとコールセンターをやっていた会社で、プロジェクトマネジャーみたいなことをさせてもらっていました。

２０１１年の10月から十日町市の地域おこし協力隊になりました。２０１１年は、みなさんの記憶にもまだ新しいと思いますが大震災があったときです。それが私が十日町に移る大きなきっかけになったと思っています。後ほどまた詳しくお話しします。

十日町市は教科書に載るくらいの豪雪地帯です。図１は協力隊時代に住んでいた家の４月の裏庭です。土はまだほとんど見えません。そういう環境で2年半、協力隊として活動してきました。

図１　協力隊時代に住んでいた家の４月の裏庭

十日町市というところ

十日町市の人口は、私が着任した2011年ころは6万人近い数がいたのですが、最新のデータではもう5万6000人まで減っています。位置は、新潟県のわりに南のほうで、東京からも近く、新幹線と在来線で合計2時間くらいで行けます。

日本有数の豪雪地で、3m以上の積雪の中で人びとは生活しています。図2は、私が活動していた

図2　旧枯木又分校屋根の雪下ろし

図3　十日町雪まつり雪上カーニバル

地域の廃校になった小学校、旧枯木又分校屋根の雪下ろしです。２階の窓の高さまで雪で埋まってしまう環境です。そういった大変な面もあるのですが、その雪を利用したさまざまなフェスティバルも開催されています（図３）。

図４　「星峠の棚田」をはじめとする里山の美しい景観

それから十日町市は、かつて「西の西陣、東の十日町」と言われたほど、織物産業で非常に有名な町でした。そのころは先ほどの発表にもあったように、商店街は非常に活気があって、肩がぶつからないと人が歩けないくらい活気があったとみなさんよく話しています。今は、いろいろな町と同じように、シャッター商店街になりつつあります。

それから、十日町市は国宝の火焔型土器が出土した場所でもあります。これを芸術家の岡本太郎さんがこよなく愛して、足しげく通われたというお話もあります。そのわりにはそうしたことがなかなかPRできていないのが現状です。

それから日本三大薬湯、いろいろな「三大」がありますけれども、有馬、草津と並ぶ松之山温泉というすばらしい温泉がある場所でもあります。図4のように、棚田の美しい風景が広がる里山の町でもあります。

十日町の特産品は、魚沼産コシヒカリ。何をおいてもナンバーワンの特産品と言えると思います。それから地酒がおいしい。雪深いところなので山菜も非常においしい。ほかにも雪下にんじん、雪室野菜、きのこ類、妻有ポーク、へぎそばといった数々のおいしい食べものがまわりにあふれています。

今年の夏も開催されましたが、２０００年から三年に一度「大地の芸術祭」をやっています。これは十日町市と津南町の越後妻有地域の町を挙げて、２００の集落に現代アートを散在させてみなさんに見ていただくプロジェクトになっていますが、このような町おこしの取り組みでも知られています。

なぜ、十日町市だったのか

私が十日町市に来ることになった経緯についてお話ししたいと思います。もともといろいろなすばらしいものがあるところだということは、つねづね感じていました。十日町に行くたびに自然の体験とかを楽しんできたのですが、それはあくまでも観光客のように「行って遊んで」ということでしかなかったのです。

3・11の地震の日に、当時は東京の青山のオフィスに勤めていましたが、多くの方がそうだったように帰宅難民になりました。オフィスに閉じ込められ、交通機関が動かないという状況になったわけです。それなのに、負けるとわかっているコンペの見積もりをつくって、どうしてもその日に出さなければいけなかったのです。それでお客さんと、余震がまだ続いている中で「この金額でいいですか」とか、「今日はハンコを押した正式な書類は無理ですね」と言いながら仕事をしていたわけです。

一方では、ワンセグで被災地の映像が流れてきたり、オフィスの外を見ると、歩道は人であふれ返って、車はまったく動いていない。東京タワーも先端が曲がっているようだというような中でそんな見積もりをつくっていたものですから、ふと、「この仕事って、本当に一生やっていく仕事でよかったんだっけ?」という思いが頭をよぎってしまったんですね。

それまでに仕事上の行き詰まりのようなものを感じていたことも要因としてあったかもしれません。なかなか古い体質の会社だったものですから、女性の管理職もほぼいませんでした。私は、会社にいったん入ったからには、できればだんだん責任のある仕事をしたいという気持ちが強かったものですから、がむしゃらに働いていました。先ほどの伊藤さんのお話にもあったかと思いますが、働いて一生懸命稼いでも、ストレスを発散するためにほとんど使ってしまうという、その生活のくり返しですね。そんなことをやっていたということです。

大震災の翌日の3月12日に、長野県北部地震というのが起きて、十日町市も震度6弱の被災地ということになりました。その当時は原発事故のニュースが毎日ひっきりなしに流れていて、十日町市はほんの一瞬映っただけで、あとは何も情報がわからないということになってしまいました。そのとき、自分がふるさとだと思っている場所に対して、何かアクションを起こすべきなのではないかと考え始めたのが大きなきっかけです。

十日町市は、なぜか悪いことが続いてしまい、同じ年の7月に今度は非常な豪雨で、水害にも遭いました。これまた原発のニュースにかき消されるようなかたちで、ほとんど報道もされず、状況がわからなくなりました。市のホームページなら何か情報があるのではないかと探していたときに、たまたま地域おこし協力隊を募集していることを知りました。これは、もしかしたら今、私がやるべきことではないかと考えて、まだ採用も決まっていないのに辞表を出して、まず会社を辞めました。（笑）今、考えると本当にむちゃをしてしまったと思います。お勧めするものではありません。（笑）

それから協力隊採用が決まって、十日町市に着任になりました。当時は、希望する任地を選ぶのではなく、会社の配属のように、「はい、あなたはこの地域」と割り振られる方式でした。今では、十日町市では地域の要望と協力隊員のミスマッチを防ぐために、面接の時点で自分の希望地域を出せるようになっていますが、当時はまだその制度ではなく、「ここが担当ですよ」と言われた地域に着任したわけです。

先輩隊員と「食と農を考える飛渡の会」立ち上げ

着任地は十日町市の飛渡《とびたり》地域（図5）で、いろいろな活動をしてきたのですが、今の仕事に結びついたところだけ簡単にご紹介します。

図5　着任地は旧十日町市の飛渡地区（十日町体験・移住サイト「さとナビ」を参考に作図）

飛渡地域の複数の集落の有志で、地域一丸となって何かをやりたいという若手農家さんを中心にして「食と農を考える飛渡の会」の立ち上げを先輩隊員の多田朋孔（ともよし）さんと一緒にやりました。多田さんというと、この会場の中にはおそらくお名前を聞いたことのある方がいらっしゃるかと思います。まず田んぼアートで、「I♥お米」と田んぼに描いてみることからスタートしました（図6）。次の年は、十日町雪まつりのキャラクターの「ネージュくん」を描くなど、どんどん進化しました。

それから直売所を、生産者登録27名でスタートしました（図7）。初年度の売り上げは100万円でした。先ほどの藤山先生のお話のように、この100万円は全部、地域の人たちに返る100万円でしたので、今思うとすごく価値があったのだなと思います。一つひとつの単価が100円200円のつみあげの100万円ですから、地域のみなさんも驚きと喜びを感じていたと思います。

図6　田んぼアートで「I♥お米」と描いてみた

図7　生産者登録27名で直売所をスタート。「飛渡野菜」のラベルで販売

私はＩＴの会社にいましたので、協力隊の卒業後もこういった野菜や物産の流通で何とか食べていけないかと考えていましたが、初年度が１００万円だったので、どうも協力隊の３年間で１人が食べていくナリワイにはどうもなりにくいということを感じ、卒業後に何をするかをもう一度、考え直さなければならないと思いました。

図8、9 「地元食材でつくるアメリカンカジュアル」を提供する「ALE beer & pizza」

地元食材でつくる アメリカンカジュアル

その中で、地域の方たちがつくった野菜を十日町の中心市街地の飲食店のみなさんに買っていただく活動をしていて、こういうやり方もあるなと思いました。地域の野菜のおいしさや素材のよさを飲食というかたちで提供したり、地元の人があまり試さない調理方法で提供することで、新しい価値を伝えられないかと考えるようになりました。

そこで東京在住の仲間3名と智恵をしぼり、会社を立ち上げて開いたのが「地元食材でつくるアメリカンカジュアル」を提供する「ALE beer & pizza」というお店です（図8、9）。お母さんたちが地元食材でつくる地元の料理というのは、私にはできないので、逆に東京で働いていたころによく食べていてなれ親しんだ料理、好きだった料理を地元の食材でつくってみたらどうだろうという発想です。地域の人たちとのつながりの中で、おいしい野菜が手に入りますので、それを使って、新しい料理の方法とか味わい方を提供していけないかと考えました（図10）。

図10　ALEのオリジナル・ピザ

一番大事にしたかったのは、地産地消をテーマにするということです。先ほど1％取戻しのお話がありましたが、私の思いは本当にそのとおりで、できるだけ地域の人に直接お金が渡っていくやり方がつくれないかというのが基本の考え方です。そのほかに、国産のクラフトビールという、職人さんがつくったビールも提供しています。

今、レストランを始めて1年半になりますが、レストランの運営だけだとやはりお客さんの数の上下動がなかなかきびしいというので、先のことを考えなければいけない岐路に立っているところです。

「やりがいのある仕事」とは？

今までの地域の人たちとのつながりの中で、私にとっての「やりがいがある仕事」とは何なかを考えたときに、大学を卒業する時点では、就職課の案内に従って、という言い方は変ですが、大きな会社に就職をして安定した収入を得ることだと思っていました。また、田舎の人たちが「ここには何もない」と言うのを、本当にそうかなと思いながらも移住をすることまでは考えられずにごく限られた情報しか見えていなかったと思います。

実際に十日町に住んで、いろいろな人たちと接してみると、地域の中にはじつに多様性のある選択肢があることがわかりました。また、地域の宝を見つけていくことで広がるネットワークや仕事があるということも強く感じました。まずは十日町の山の中でできたものを十日町の中の町につないでいく。そのことによって温かいお金の循環をつくっていきたいという思いがあります。

あとは四季折々の食べもの、山の恵みを、じつは十日町の町の人たち、町の子どもたちも意外と知らないということもわかりました。山では普通に取って食べる果物を、町の子どもたちは知らなかったりするので、そういったものをたとえば新しくお菓子にして提供することでなじんでもらうといったようなこともやっていきたいと思っています。

また、十日町にはすごく明るい未来があると思うのは、地元の人で十日町がすごく好きという人がたくさんいることです。自分たちの住んでいる町のよさを感じている人が多い。しかし、いざ自分の子どもたちのことになると、なぜか「ここには何もないから都会へ、町へ出て就職しないと」と言ってしまう。これからの活動で、そういったことを少しずつ変えていけないかと思っています。

自分のことを思い出すと、小さいころの十日町での体験がすごく大きかったと思います。結局、自分が自然にふれてきた原体験や、肌で感じてきた十日町のよさが脳裡にあったので、いずれ十日町に帰りたいという気持ちが育ったと思いますし、今後、UターンやIターンをどう進めるかを考えるうえでも、そうしたことが帰ってくる大きなきっかけになるのではないかと考えています。

また、U・Iターンをすすめるうえで一つ問題だと思うのは、仕事をえらぶ際の視野の狭さです。大学を出たら就職をして定年まで勤める、会社に入ったら上のポジションをめざしてがむしゃらに働くというようなことを、誰に教わったわけでもないけれども、みんなが普通だと思っている。そのことをどう転換していくのかが、これからは大事なのではないかと思います。いろいろな選択肢があっていい、地元に帰って会社を始めたっていいという選択肢が、大学生にも見えてくることが、すごく大事ではないかと思いました。

これからのこと、これからの夢

これからも私自身としては十日町の宝を見つけ続けていきたいと思っています。私自身もいろいろなおじいちゃん、おばあちゃんに山に連れて行ってもらっていますが、「あ、こんなのもあるのか」と、日々いろいろな山の恵みを知る機会がたくさんあります。そうした地域の食材をさらにメニューに取り入れたり、地元の人たちにも外の人にも伝えたり、それをお金にして返す循環をつくっていきたいと思います。

またレストランに加えてもう一つの柱として、ぜひ地域の農家さんにホップを栽培してもらい、十日町の食材を使った地ビールをつくっていきたいということを考えています。これは元手も要ることなので、すぐにはできないと思いますが、こういったことを思い続けていくことが、大事なことですし、このように発言していると、お金の話はともかくとして、一緒にやりたいと言う方がきっと現れると信じていますので、私はこれを常日ごろ言うようにしています。

十日町の課題をどれだけ解決できるかということはまったくわかりませんが、これからもこういった自分の夢を通じて、また新しい仕事とか魅力の発見につながればいいなあと思っています。どうも

ALE beer & pizza（1階）とゲストハウスハチャネ（2階）。「ハチャネ」は十日町弁で「またね」という意味

ありがとうございました。

（拍手）

◆その後の私

――「ゲストハウスハチャネ」と地ビールへの挑戦

　私は相変わらずレストランのことをやっておりますが、他の経営陣3名でレストラン2階に農家民宿というかたちで「ゲストハウスハチャネ」をオープンいたしました。これも飛渡地区で一緒に活動していた若手農家さんと始めました。4月のオープンからまだ数カ月しかたっておりませんが、おかげさまでお客様にも来ていただいております。フェイスブックなどのソーシャルネットワークやホームページをはじめとしたインターネットサイトと、地元の

方々とのつながりによってお客様に「ハチャネ」を見つけていただき感謝しております。

また、地ビールを手がけたいと言い続けておりましたところ、実際に各方面でアドバイスやご協力をいただける方々を見つけることができました。まだまだ調査や情報収集の段階ですが一歩一歩進めているところです。先日管轄の税務署を訪問しまして、クリアしなければならない課題の多さに気が引き締まる思いと、道のりがまだまだ遠いなあという思いとが複雑に入り乱れております。みなさんに発表できる日を楽しみに頑張りたいと思います（２０１６年６月付記）。

パネルディスカッション

農山村、中山間地域に現れてきた日本の「クリエイティブ・クラス」

コーディネーター　小田切徳美
コメンテーター　大阪市立大学大学院創造都市研究科准教授　松永桂子
パネリスト　藤山　浩／伊藤洋志／尾野寛明／髙木千歩

これまでとは質の異なる人材の受け皿となる中山間地域

小田切　それではパネルディスカッションに移りたいと思います。最初に、大阪市立大学の松永桂子先生からコメントをいただけたらと思います。先生は地域経済論、地域産業論、最近ではＮＰＯなどの新しい組織の研究もされています。

松永　今日の議論から受けた印象は、まず、地方創生をどうしていくのかということよりも、30歳くらいから40代半ばくらいの世代に、今までの日本社会をリードしてきた人材とはかなり質の違う人材が現れてきているということでした。また中山間地域が、そうした人びとの価値観や働き方の転換、新しい仕事づくりの受け皿になっているということに、気づかせていただきました。

定住ということに関しては、よく考えると自分でもいろいろなかたちで二地域居住をやってきたと思っています。関西で生まれ育ったのですが、２００５年から12年まで7年間ほど島根県の浜田市に暮らし、藤山先生のいる益田市、尾野さんがいる江津市と川本町のちょうど真ん中の人口６万人の浜田市に7年間住んで島根県立大学の教員をしていました。

その7年のうち、最初の2年は大阪に住んでウィークデーは島根で働き、週末は大阪に帰るということを毎週くり返していました。２年くらいたつと、島根でいろいろな人とのつながりができて、みんなから「来てしまえば」と言われるわけです。私1人だと行けますが、夫と子どもがいて、夫の仕事をどうするかが問題になりますが、夫も比較的自由な職業で自由裁量のきく仕事をしており、1回しかない人生だから思い切って行ってしまおうかということで島根に行きました。だから家族3人で島根に5年間住みました。

その間は夫も私も二地域居住でちょっと大変でした。子どもは当時、小学生でしたが、3人一緒に過ごしている時間は1週間のうち2日、土曜と日曜日だけだったのです。私が平日に子どもを見て、私がどこかに行くときには子どもを夫に預けていた。子どもをリレーのバトンのようにやりとりしていた時期もありました。

松永桂子氏

そうこうしているうちに私が大阪市大に転職することになりました。最後の1年は、私が大阪市大、つまり都会で働いて糧を得て、島根で暮らすという最初の二地域居住とは逆パターンになりました。今はそれから4年たっていますが、二地域居住と簡単に言うけれども、やってみると体力的にも金銭的にも大変でした。でも、結果はやってよかったと思っています。私は島根はふるさとではないのですが、今ではふるさとと思えるようになりました。

二地域居住は大変だったのに、なぜいいかというと、相互の地で人間関係がリフレッシュできる。浜田での暮らしは顔が見える関係が色濃くあります。たとえば「車に1人で乗っていたね」とか、スーパーや飲食店に行っても知っている人に会わない日はなく、それはすごくいい関係なのですが、やはり疲れるときもある。匿名性の高い都市である大阪に帰ったら、正直それで息を抜けるときもあります。都会と地方のよさを両方うまく吸収できる二地域居住の生き方というのは、異なる空間に身を置き換えることができ、「切り換え術」が精神を安らげる作用もあるのではないかと思います。

ちょうど2日前に後期の授業が始まりました。1年生、18歳の300人ぐらいの授業を持っているのですが、働き方アンケートというのをしてみました。電通総研と電通若者研究部が若い人の動きをどう社会的に捉えていくかという「若者×働き方」調査をやっているのをたまたまネットで見て、なかなか面白いと思ったので同じようにやってみました。たとえば私たちの世代と全然違う価値観だと思ったのは、さきほど尾野さんのお父さんの話が出ていましたが、「モーレツ社員」とか「企業戦士」という言葉を今の18歳がどれだけ知っているか。知らないんですね。「モーレツ社員」「企業戦士」を知っている学生はほとんどいませんでした。

今、大学1年生は96年生まれが多いですから、当然、バブルも知りません。経済成長という概念自体、ピンとこないわけです。

アンケート結果をみると、「やってみたい働き方」としてあがっているのが、「会社に所属しながら、在宅勤務など、自宅で仕事をする」が19・7%で1位、「働き手の事情に応じて、勤務時間を選べる環境で働く」が16・4%で2位です。一つの会社に毎日定時に出かけて毎日定時に帰ってくるという、パターン化されたような働き方ではないかたちを求めていることがうかがえます。面白いのは、働くことへの意識についての質問に対する答えで、「自分の働き方はできる限り自分で決めたい」が28・4%もあり、周囲や社会とのかかわり方としては「できるだけ価値観が共有できる仲間と仕事がしたい」が32・9%もあることで、これは自分や仲間たちとナリワイをつくるということとつながっているような気がします。ただ、実際にフリーランスを含めた自営業主というのは4・1%にすぎません。しかし、どう働きたいかと理想を聞くと、場所、時間、組織に捉われない働き方をしてみたい層が一定程度いることが分かります。まだ働いていない市大の大学生に聞いてもそういう答えです。

また、「社会のために働く」と聞いてイメージする「社会」の範囲についての質問への答えでは、「日本社会」が41・9%でもっとも多く、ついで「会社や所属している集団」が39・2%ですが、3番目が「住んでいたり、関わりのある地域」で34・1%となっています。

私たちの世代と、10代・20代の世代とでは、働くことに対する価値観がかなり違うわけです。そう簡単には結びつけられないと思いますが、おそらくソーシャルネットワークの影響も無視できないと思います。伊藤さんや尾野さんや髙木さんが中山間地域で今いろいろな仕事おこしをされていることが、ネットが普及していない時代であれば、新聞や雑誌、書籍などの取材を通じてしか知ることはできませんでした。しかし、今ではみずから活動や考えを発信して、オンラインでつながって知ることができるし、共感も生まれやすい。

どこにいようと人とのつながりの距離感がすごくフラットになってきているので、地方で活躍したり、地方で仕事したりしている人のことが身近な社会に起きていることとして捉えられる。それが若い世代の気持ちのなかでは強くなってきていると思います。そうした姿が身近に見えやすくなった分、働き方の選択肢は広がりをみせ、職業に捉われない柔軟な生き方が共感と呼んでいるようです。自由に、柔軟に、ワーク・ライフ・バランスを求めたいのが今の若い世代に広がっています。

私は社会人大学院を担当しており、土曜日と平日夜に授業をしています。したがって20代後半ぐらいから、30、40、50代。60代、70代まで来られています。大阪ですけれども、都会でもナリワイ志向、ローカル志向の、今日のみなさんのご報告に通じる動きが着実に出てきています。昨日ゼミをしていましたが、私の2、3歳上の40代前半くらいの人ですが、リクルート社を辞めて、自分で観光プロデュースをやっていきたいと報告され、独立して起業しました。学校の教員から子ども劇団の主催者になった方や主婦からまちづくりのリーダーになった方もいます。社会と向き合いたい、顔が見える関係を築きたいという社会的欲求が高まっているのかもしれません。中山間地域に一番象徴的に現れてきていますが、中山間地域だけではなく、日本の社会全体にも、やはり今日のテーマと通じる新たな働き方を志向する人びとが現れているのではないかと思いながら、ご報告を聞かせていただきました。

小田切 ありがとうございました。あらためて、松永先生にお越しいただいてよかったと思っています。新しい切り口をいただきました。その新しい切り口とは、私たちフォーラムは中山間地域、農山村に仕事をつくらなければいけないと、このシンポジウムの課題設定をしたわけですが、松永先生がおっしゃったのは、そうではなく、「今の30～40代の若者世代に新しい人間類型が現れてきていて、そのライフスタイルが中山間地域、農山村にある種の親和性を持っている」ということです。そう考えると、「仕事をつくる」という発想自体がどこか間違っているのではないかとさえ考えることができます。

新しい人間像は農山村に親和性を持っているか?

小田切 藤山先生、尾野さん、高木さん、伊藤さんの順でお尋ねします。何歳まで若者かという問題はあると思いますが（笑）、それは少し置いておいて、松永先生がおっしゃった新しい人間像が農山村に親和性を持っているとすれば、それはなぜなのでしょうか? あるいはなぜそこに仕事をつくろうとされているのでしょうか？

藤山　私は三つほどあると思っています。松永先生が言われた「世代」論は非常に重要で、この中山間地域フォーラムという団体の構成メンバーも、どちらかというと中高年に偏っていますので、30～40代中心になるよう、世代替わりをかけていかないといけないと思っています。

私は今、55歳で、30～40代とは断層はあると思いますが、とくに今の30代は変な幻想を持っていないのではないかと思います。具体的には後で申し上げますが、ちゃんとした仕事をして、ちゃんとした年金をもらうということに、それほど「幻想」を抱いていないのではないか。もっと言えば「実質主義」です。それが中山間地域の軽薄な成長ではない、本質的な価値について、もう一回、外の地域から見出していく動きにつながっているのではないかと思います。

2番目は、やはりキーワードはロングテールだと思います。伊藤さんはじめ3人のご報告を聞いても、本当は暮らしの中にいろいろなニーズもあれば仕事もあって、現場でもいろいろな資源があるのにそれらを打ち捨ててきた。そこを若い世代は、本当はそこにいいものがある、それらを少しずつでも仕事としてつないでいけばかたちにできるということに、気づき始めているということが50代以上の世代と少し違う。

3番目は、私は「結節機能」というキーワードを出させていただきました。3人のご報告で、小さな暮らしや自然の中に息づいているものを結びつけていくことは、じつはものすごくクリエイティブなことだと教えてもらいました。それを伊藤さんは「編集者」と表現された。私は「ＤＪ（ディスクジョッキー）」と言ってきましたが、いずれにしても、小さなものでも丹念に、地域の文化や暮らし、あるいは経済の中に入れ込んでいく。３人はそういう人材であり、あるいは尾野さんがやっている組織もそうです。いろいろな働き方を捨てず、「一人前」という変な固定観念、幻想を捨ててまとめあげている。

そして「小さな拠点」というのも、そういった人や組織が一つの生態系として、あえて言えば、そこへ「巣食う」ことで初めて本物になるのではないか。そういった新たな結節機能のあり方を、もっと進めていただけたらと思いますが、30～40代だからこそ、そこに行くことができたのではないか。われわれおじさん族が、「そんな細々したことをやってどうなるんだ」と打ち捨ててきたものを生かしているということをすごく感じました。

グローバリズムの現場はたいしたことはなかった

小田切　ありがとうございました。それでは尾野さん、いかがでしょうか。

尾野　親和性が中山間地域、農山村にあったかというと、これまではあまりなかったというのが正直なところです。10年たち、ようやく親和性が出てきたのかなと思います。

新しい人間像ということで言うと、私自身も若いときは海外志向でした。大学卒業後、サラリーマン勤めはいっさいせずにここまで来ましたが、唯一サラリーマンをしていた時期があります。大学2年のときに1年間、大学を休学して、インドのIT企業に勤めていたときがあり、それが最初で最後でした。

それはそれで本当にいい経験でした。今はみんな国に戻って活躍していますが、6人ぐらい世界中のグローバルエリートのような人たちが来てルームシェアをしていました。そこで思ったことが一つあります。グローバリズムといっても、現場はたいしたことないということです。結局、見栄やお金の話ばかり。みんな世界のNGOやITの現場で活躍できているのかというと実際はそうでもない。それに失望して日本に帰ってくるというのも一つの事実なのかもしれないと思います。

実際には、大勢の日本の若者がグローバリズムの現場に行って失望し、帰ってきて、日本の地方に目を向けるという面もあるのではないでしょうか。このことが、われわれ30歳前後の世代が地方に目を向け、新しい働き方を志向する一つの理由でもあるのかもしれないと、個人的には思ったりしています。実際のところはどうなのか、みなさんからもご意見をいただきたいところです。

それともう一つは、私は都市と農村の通訳の役割というか、「人さらい」が仕事の半分ぐらいを占めていたりします。都市部での働き方に悩んでいるような人――この会場にも10人ぐらいはいらっしゃるのではないかと思いますが（笑）――今の働き方を変えたほうがいいのではないかと勧めて、都市で狩りをしています。「YOUも田舎で働いちゃいなよ」と人さらいをする、そんな人間だったりもします。

リクルート社や電通で働いていた人、この間は東大工学部卒で司法書士の女子がIターンしてきました。間に私のような人さらいがからむと、「え、嘘？　東大卒で転職志望？　うちで雇ってあげるから働いてみなよ」と、つないだりします。そのようなことと親和性ということが、どこまでつながるかわかりませんが。

小田切　ありがとうございました。「最近の若者は内向きだ」としばしば言われますが、けっしてそうではなく、グローバルエリートのお話にありましたように、むしろいったんグローバルな世界に出て、それを経て地方に向かう動きもあるということでしょうか。高木さんはいかがですか。

小さなナリワイをつくりたい気持ちの底にあるもの

高木　私は会社で働いていた期間が非常に長かったので、もし私とかその下の世代が少しずつ違う価値観を見出しているとすると、一つにはやはり会社での働き方や会社でどういう仕事の評価がされるか、やりがいを感じているかということにもかかわってくるのかと考えています。

というのは自分の体験上から言うと、とくにシステムとか、かたちのないものを売る仕事をやっていましたので、実感がないのですね。たとえば自分の将来の目標と会社の目標が一緒であれば、一生懸命頑張れると思いますが、それが合致している人は意外と少ないのではないかと思います。自分がやったことに対して、その成果が自分で体感しづらいということがすごくあるのではないかと思います。そういう意味では、仲間と小さなナリワイをつくりたいという気持ちの底には、自分がやったことや、でき上がったものが目の前ですぐ見えるということがあるのではないかと感じています。

農業や、ワークショップを開いて何かをつくるということをやっていくと、自分がやったことの成果が目の前にすぐ見えます。地域おこし協力隊でおじいちゃん、おばあちゃんたちの野菜を集めて売りに行き、売上を渡したときに、「今月もありがとうございました」とおじいちゃんたちがすごく喜んでくれて、すごくやりがいを感じることができます。そのやりがいを感じるということは、会社の中ではけっして得られなかった体験でもあります。そんなことも、若者たちの農山村での仕事づくりにかかわっているのではないかと私自身は思っています。

小田切　ありがとうございました。長い会社勤めの経験からの重要なポイントをお話しいただきました。つぎに伊藤さんですが、伊藤さんは今日のご報告で、都市と農山村というのは対立概念ではなく、ある意味で都市と農山村はチームだというようなことをおっしゃった。むしろ双方にまったく区別を感じていない。それはどんな現実から出ている発想なのでしょうか。

都市と農村、遊びと仕事

伊藤　それは長年の反省というか、高校生のころ都市と田舎の話をすると、香川も比較的田舎なので行ったことはないのに「東京は人の住む場所じゃない」みたいな暴言も出たりして、お互いにおとしめ合っている。（笑）それで結局、何かいいことがあったかというとくに何もなくて、都市は都市で必然性があり、人類が生き残るのに便利だったのではないか。とはいえ人類史上、都市生活というのはすごい異常事態で、人間の体のつくりはあまり変わっていないので、都会生活だけで生き延びる人というのはそんなに多くはないのではないかと思います。

さきほどの高木さんの実感のお話と同じだと思いますが、実感を得られないと人間は幸せに生きていけないのではないでしょうか。人間はいろいろと文明を発達させて生き残ってきたと思いますが、体のつくりがついていっていない。そうすると、人間が自然の一部としていい暮らしをしようと思ったら、どうしてもそれができる環境、比較的自然が多い場所とか、自分で何かをやって、直接フィードバックできるような環境をつくる必要がある。一番わかりやすい例として、仕事づくりというのがあると思いますが、究極的にそういう実感が得られて、食べもの、生活がまかなえるのであれば、それは仕事ではなくて遊びでもいいだろうと思っています。

僕の仕事づくりも、結果的にお金が得られるものもあるけれど、ただの遊びもけっこうあります。最初の全国床張り協会は、友だちの家が水害で完全に壊れたので、床を張って飲み会をしていたときに名前をつけたら、仕事になってしまったようなものです。だいたい床張りしかやらないのに「全国」とか、けっこうすごそうな名前をつけた。（笑）完全に遊びなのですが、それが意外にやりたい人が多かったので仕事になっているという感じです。仕事の背景は遊びというか、他人とかかわる媒体としての何かの活動という認識でやっている感じです。

マイノリティーかマジョリティーか

小田切　ありがとうございました。この3人の実践者のみなさんから「同じように」と言うのも失礼なのですが、少なくとも一般的な人とは違う人間像を感じることができます。会場のみなさんとこれを共有するために、あえて乱暴なお尋ねを藤山先生にさせていただきます。こういう方々は社会の中に何%ぐらいいるのでしょうか。（笑）また、こういう方々が将来どのぐらいまで増えるのでしょうか。

なぜそんなことをお尋ねするかといえば、私たちがいま論議しているのは、日本に3人しかいない超マイノリティーの人についての議論なのか、あるいは将来それなりの数になる人びとの議論をしているのかが判然としません。その認識の安定感がないと、このシンポジウムは先に進めないと思います。そのあたりの実感を教えていただけないでしょうか。

藤山　冒頭に島根では田園回帰が続いていると申し上げました。おもに都市から来られますが、この方々は表面上の高い収入を求めて来られるわけではありません。私も都市的なものを全部否定しているわけではありませんが、都市では感じられなかった暮らしの実感、形式ではない実質、あるいは実践を求めて来られるというのは確かだと思います。

今、田園回帰している人たちは、本当にアラサーの人びとです。先ほどの松永先生の世代論も含めて、そこは見誤ってはいけないなと思います。何%でしょうか？　1%でもすごいことです。首都圏の1%は35万人ですから。1%いたら大変なことになります。そこに私は希望を持っている。それに雪崩を打って人が来たら田舎は大変です。ゆっくり意識が変わっていくのを大切にしたいと思います。

小田切　ありがとうございました。それでは、ここからは会場の皆様方からご質問をいただきたいと思います。

Q&A

地域が住んでみたい、貢献したい場所に変わる瞬間とは?

Q1　質問ではなく希望です。国際協力機構（JICA）というところにいたのですが、日本はもしかしたら課題先進国なのかもしれないし、そうではないのかもしれないと思いました。お話をうかがっていて、私たちがいつもふだん対象にしている途上国の人びとに、ぜひこのような動きを紹介したいし、一緒に考えていけたらと感じました。ですから、松永先生、藤山先生、小田切先生といった方々に音頭をとっていただき、伊藤さん、尾野さん、髙木さんを途上国の人たちが訪ねるような、そんなことができればいいと思います。よろしくお願いします。

小田切　ありがとうございます。新しい考え方をご提供いただきました。

Q2　新潟で本屋をやっている西田と申します。とくに伊藤さんと尾野さんにお聞きしたいのですが、松永先生のお話で、住んでいたり、かかわりのある地域に貢献したいという答えが3番目に出てくるというのがありました。それは限界集落には限らないということでしたが、一般的な限界集落が、住んでみたい、あるいは貢献したい場所に変わる瞬間というものがあるかと思います。まったくゆかりはなかったけれども、住んでみたいとか、貢献してみたい場所に変わるというような瞬間がある。それはどういうことから起こるのか、いつ自分事になるのかということについてお聞きしたいと思います。

伊藤　ある限界集落が自分にとって関係性がある場所に変わるということは、最初はそこに住んでいるある1人の人との出会いみたいなところから始まって、そのまわりの人との出会いにもつながっていく。本当に1人の人から始まるという感じがします。それは以前からの知り合いでなくても、そのとき知り合いになってもいいと思います。僕の場合は本などを書くので、比較的そういう人との出会いが多いと思いますが、そうするとその人の地域について気になります。天気予報でも、漫然と見たりしなくなってくるというか、そういう感じで日本の地図が自分にとって変わっていくのが面白い。

西田　それは知り合いに貢献したくなるということですか？

伊藤　知り合いに直接貢献したいというよりは、知り合いがいることによって具体的な場所になるということだと思います。ただ旅行しているうちは、そこが自分にとって生活の場というふうに捉えるところまではいかない。知り合いがいることで実感が得られると、自分が実際に何か深く取り組んだり、家を借りたりする場所として関連性が見つけられるというか、想像が働くようになる感じがあります。

尾野　今、全国14カ所で地域づくりの塾をやっています。何か自分のできるかたちで地域に貢献したいという若者は実際に増えていますし、そういう若者が最初の一歩を踏み出すための塾ということで運営をしています。月1回で半年間のコースです。そういうような塾を3年、4年、5年と続けていくうちに、やはり地域が変わる瞬間というものを目の当たりにしたりします。

たとえば島根県の江津市は、この5年ぐらいで駅前の商店街の空き店舗が30店舗再生しました。雲南市は先ほど言ったとおりですし、それから医師が今年は3人ぐらい来て、看護師も5人ぐらい新しく来てくれたりしています。雲南市立病院というのは看護師、医療従事者の数が充足した病院として、一気に医療の先進事例になりました。そういうふうに変わる瞬間をさまざまに目撃したり、それを仕掛けている立場のつもりです。

塾では最初に「あなたの原体験」というものを必ず掘り起こします。これは東北で地域づくりの塾をやると一番顕著なのですが、最初に「あなたが地域づくりに携わりたいきっかけは何ですか？」と尋ねると、ほぼ9割方の人が「あの震災のときに自分が何もできなかったから」という理由を挙げますが、少し違和感を覚えます。「震災のときのそれはわかりますが、あなたが地域に興味を持ったのは、もっとさかのぼって原体験があるでしょう」とか、「たとえばご兄弟の方が障がいを持っていて、福祉に興味を持ったとか、人を助け、人に助けられる人生を歩んできたというような原体験は何ですか」と尋ね、そこから、「あなた自身がやりたいことは何ですか？」というふうに、最初にものすごく内面を考えてもらう。

そんなふうに自分の内面に向き合う人の輪が、10人、20人と広がっていく。その先に、必ず地域は変わるのではないかという思いで日々、各地を回っています。

小田切　ありがとうございました。今、質問された西田卓司さんは、じつは新潟で「ジブン発掘本屋ツルハシブックス」を運営されている地域のコーディネーターです。その西田さんに憧れて、去年、私のゼミの学生が、西田さんの店舗の隣のお米屋さんをお手伝いするために、けしからんことにわざわざ1年間休学をしました。（笑）そういう意味で、まさに人が人を呼び込むということを実践されていますが、今のご質問はその本質をお尋ねになったのだろうと思います。

行政の変化、行政への希望は？

Q3　内閣官房で「まち・ひと・しごと創生」の仕事をしています。みなさんのお話をうかがって非常に勉強になりました。1点おうかがいしたいのは、今、国のほうで地域住民、とくに中山間地域の住民の方に話し合っていただき、自分たちでビジョン、組織をつくって、必要な活動をやっていただく取り組みを一生懸命やっています。伊藤さん、尾野さん、高木さんの活動を通して、地域住民の方や役場など行政の職員が刺激を受けて変わったとか、そういう動きがあるのかどうか。また、行政への注文とかがありましたらあわせておうかがいできればと思います。

小田切　今日のシンポジウムは地方創生を意識しながらも、いままでは行政の「ぎょ」の字も出てこない。（笑）なんとも変わったシンポジウムです。（笑）その点で、ご質問いただいてありがとうございます。髙木さんからお願いいたします。

髙木　地域が変わったかどうか……。先ほどご紹介した食と農を考える飛渡の会は、今ももちろん継続しています。私が協力隊を「卒業」した後も、後輩の協力隊の人たちが引き継いで活動を続けてくれています。私が入った当初は生産者登録が二十数人でしたが、今は50人近くまで増えました。

また当初の販売はおもに野菜でした。なぜ主力であるお米を選ばなかったかというと、いきなりお米を束ねて売ろうとしても、地域のみなさんの気持ちがいきなりはそこまではなかなか動かせないだろうということで、もう少し心理的に負荷のない、野菜を地域のブランドで売ろうということから始めました。

そういうわけで、私がいたときには、お米の販売までには至りませんでしたが、現在では「飛渡米」という名前で、大手のスーパーに売りに行こうというところまで地域の人たちの活動が発展しています。そういった意味では、今までばらばらだった集落の活動ではなくて、もう一段落大きい地域ぐるみの活動をみんなでやろうというところまで、少しずつ気持ちが上向いてきているのではと感じています。

十日町市の行政に関してですが、十日町市はいち早く地域おこし協力隊を導入したところです。先ほども少しご紹介したように、私が入ったときには希望地域は事前に選ぶことができなかったので、残念ながらその地域のニーズと自分がやりたいことのミスマッチが生じる場合があって、そうしたことを改善し、より定住につなげていこうという動きにつながってきています。地域おこし協力隊として移ってきた人たちの活動の実績や、自分たちの体験を市役所側にフィードバックする話し合いの中で生まれた、新しい採用のかたちがスタートしています。そういう意味では行政とのつながり、協力隊との連携も少しずついい方向に進んでいると思います。

伊藤　普通、就職フェアのようなものを県が主催してやると、「わが県のこういう企業に就職して働いてみませんか」というのが定番だと思いますが、山形県がすごくいいと思ったのは、めずらしく就職ではなく、こんな働き方をしている人がいるという、ちょっとした見本市のようなイベントを県でやっていました。そんなにたくさん並んでいるのでもないのですが、自分で仕事をつくって、それを組み立てることも選択肢の一つだと、全面的に認めたわけではないと思いますが、ある種、公的機関がそういう窓口をつくるのは意外に大きい変化かもしれないという気はしました。

尾野　こちらでは行政職員、とくに若い職員に対しては私が教育係のようなことを受け持たされている感じです。行政職員はどうしても異動してしまいますので、定住施策や創業支援のこれまでの歴史はこうだということを説明してあげなければいけない。そういうところを担わされています。

また地域住民と行政ということについては、まず地域住民が、行政は万能ではないということを理解することが大事かと思います。島根県雲南市を例にとれば、10年前に合併したときに行政職員は病院職員を除いて600名いました。合併10年たって、今はもう400名ちょっとです。3分の2になりました。200名ほど減れば200人分のサービスが必要になるに決まっています。広域合併してしまうと、どうしても後追いの仕事がメインになってきてしまう。実際は9時から5時までは、大量にやってくる高齢者の窓口対応で本当に疲弊してしまっているのが現実ではないかと思います。

では、その200人のサービスをどうするのかということで、地域を自分たちで支えてくださいと、今、地域自主組織の仕組みをつくっています。それから、一歩先の、これからはこういうことがあったらいいというサービスを実現する中間支援組織もつくっていっています。新しい中間の仕組みをつくろうということが、行政職員の刺激になっているのかもしれないという気はします。

結節点となる人材はどうするのか？

Ｑ４　奈良から来ました。今、小水力発電に取り組んでいます。藤山先生から最後のほうに「結節点」のお話がありました。そのことについておうかがいしたいのですが、小水力をやっていても、やはり人がいないのです。地域に行くと、たくさん流量があって、これで発電ができてエネルギーが自分たちのために使えるというところがたくさんあるのですが、人がいないために実現できない。コンサルタントに相談すると、発電機は外国製のなんとか社から買わないといけないとか、そういうふうな話になります。

先ほど島根県中山間地域研究センターの「田舎暮らし設計シミュレーションソフト」の実演を会場ロビーで見せていただきましたけれども、これまでの仕事や社会とまったく違うあり方を、今、多くの人びとが模索しているのではないかという気がしています。ただ、その空白を埋めていく場合に、結節点になって支援をしたり、コーディネートする人が非常に重要になってくるのではないかと思っています。その人をどうするのかのお考えをお聞きしたいと思います。

藤山　エネルギーの取戻しは非常に重要なことで、小水力とか、やはり量的にはバイオマスが大きいのですが、これもコンサルタントに頼ると、コンサルタントだけが儲かってしまってみなさんは儲からない、こういう結果になると思います。

今の地域づくりのトレンドは、イギリスではマス・ローカリズムと呼ばれているものです。トップモデルを一つつくって、それをコンサルタントが地方に下していくのではなく、同時多発的にいろいろな取り組みが始まる。本当は小水力でも日本全国数百カ所でチャレンジが始まっているんですね。それをつながなければいけない。成功もあれば失敗もある。さまざまな場所でサイコロを転がす中で、共通して成功する条件を整理したり、共通して失敗するパターンを探ったりして、これを比較しながら全国政策として磨いていく。

こういう今までとは違った地域政策にしないと必ず失敗します。小水力なども地域の自然とか、はっきり言ったら小まめに水路を管理する、誰が草の葉っぱを取るのかとか。そういうことでノウハウも含めて全部やらなければいけない。

そうしたマス・ローカリズムというか、私はチャンピオンズリーグ方式と言いたいのですが、リーグ戦というのを本当はやらなければいけない。それをちゃんと取りまとめてお世話する、まさに編者というのが本当は新しい公共財になるはずです。これも全国1カ所ではだめなので、尾野さんは全国14カ所、1人でやっているけれども、地域リーグ、つまり中国リーグ、北陸リーグ、東北リーグ、北海道リーグみたいなのがあって、それをまたつなぐようなことをしたいなと。

そもそも島根県中山間地域研究センターも1カ所では限界です。本当は各地方につくってほしい。そうしたところが核となって、すぐにコンサルに頼るのではなく、もう少しやわらかい支援の仕方をするといったことを、今回の地方創生でもぜひ形にしてほしいと思っています。

地域おこし協力隊任期終了後の起業について

小田切　ありがとうございました。ほかに質問はございますか。

Q5　岐阜県から参りました。専門学校で起業者育成のような科目を担当しています。また東海3県で、地域おこし協力隊の支援ネットワークのお手伝いをしています。今日のテーマには、「どう創る、中山間地域の『しごと』」とありますし、「ナリワイ」という言葉も出ました。それから尾野さんは、起業しなくてもいいという面白い塾をやっていると。私たちもつねに隊員の任期終了後の話として、起業ということを意識し、議論したり相談に乗ったりしています。

尾野さんや伊藤さんは優秀な方なので、ばりばり自分でコンセプトや事業を立ち上げているとお見受けしたのですが、いったい協力隊隊員で起業をめざすのに適している人はどれくらいの割合というか、自分でも起業できると感じているのでしょうか？　みんなが起業をめざすと、必ずしもハッピーにならないのではないかということも日ごろ疑問に思っていますが、起業ではなく別の定着の仕方、収入の得方ということも含めて、実際のご経験からこの対策、任期終了後の出口についてアドバイスいただければと思います。

小田切　いまのご質問にかかわり、つい最近、平成27年度の地域おこし協力隊の定住状況の調査結果が発表されました。6割が定住し、起業の割合が前年度比で大きく増えたという結果が出ています。

尾野　起業はどのぐらいの割合ですか？

小田切　だいたい定住者の2割くらいです。前年度までは9％くらいだったので、かなり割合が増えています。

尾野　そんなに多くなったのですか。

小田切　そうなんです。このことを踏まえて、髙木さん、今のご質問についてどうでしょうか。

髙木　十日町市の場合は、起業をしたいという人は、今言われたように2割くらいの割合かと思います。また、農業をやりたいという方もいますので、それも起業に数えると、数はもっと増えてくると思います。そのほかの方の定着の仕方としては、地域の会社への就職も事例としてはたくさん出てきています。

私も全員が起業しなければいけないということはまったくないと思いますし、逆にこういう人を採用したいという地域の企業とマッチングしていくことも、すごく大事なことではないかと思っています。地域おこし協力隊を卒業するときに、マッチング機能を果たしてくれる場所は基本的にないので、自分で仕事を探しに行くとか、自分のつてで面接をしに行くとかという形になります。もっとシステマチックに、こういう人材がほしいというような何かがきちんとあって、それだったら私はこれはできそうだという選択があってもよいのではないかと思います。

というのは、地域おこし協力隊は基本的には都市部から移ってきている人たちが多いと思いますので、パソコンの操作などは慣れている方が多い。十日町市の中山間地もそうですが、書類をつくらなければいけないけれどもパソコン操作がよくわからないという人が意外といらっしゃいますし、私もそういった支援をたくさんしてきましたので、そういうニーズのマッチングみたいなことができれば就職ということもよいのではないかと思います。

小田切　ありがとうございました。尾野さんからもお願いします。

尾野　協力隊終了後の定住者の2割が起業というのは驚きでした。起業する2割の人に対するすぐれた創業支援の仕組みは必ず必要です。そういう人に画期的な技術というものを創出してもらいたいということもありますが、私が注目しているのは、残りの起業しない8割で、どちらも大事だと思っています。

私はいつも言っているのですが、協力隊終了後に地域の都市に出て、一度手堅い仕事についてもらい、週末だけでいいから自分の赴任地だったところに通ってほしいと。その地域のファンになってほしい。まず3年通うことにしましょう。そうしたらたぶん、何かネタが出てくるからと、私は基本的にそういうふうに言っています。たぶんどちらも大事だと思います。

小田切　ありがとうございます。それでは最後の質問をお願いします。

稼ぎと遊びの見きわめは？

Q6　沖縄県国頭村から来ました地域おこし協力隊の小林和彦と申します。仕事をつくっていく過程の中で、稼ぎになっていく部分と遊びのままでいく部分と、両方があると思います。そのあたりの見きわめをどうしているのかお聞きしたいと思います。

小田切　伊藤さん、尾野さん、いかがでしょうか。

伊藤　仕事と遊びの見きわめということですけれども、やってみて考えるという感じです。やってみてだめになりそうだったら遊びのままにしておけばいい。やることにあまりコストがかからないものでないと試すことはできませんが、なるべくローリスクで試せるようなものに限って、仕事にしようとしている感じです。

尾野　基本的に１００％遊びですね。（笑）楽しくなければ仕事じゃないということでやってきました。

でも、娘も今2歳3カ月になりまして、いいかげんそこのところをまともに考えなければいけなくなってきました。やっと嫁の東京での暮らしのコストと、娘の子育てコストというミニマムは最近まともに考えて仕事をするようになりました。そういう意味では私も危なかったのかなと思います。

小田切　最後に藤山先生からどうぞ。

藤山　私は今55歳ですが、なぜか50代以上の方が今日の議論を聞いていたとしたら「遊び、何を甘っちょろいことを言っているんだ」と言いそうな人がまだ7～8割います。（笑）甘いものでないのはたしかでしょう。けれども、結局私たちは何のためにずっと働いたり、仕事にしがみついたりしているのか。私の世代で言えば、これは教育と年金のためです。ただ、教育も決まった場所、決まった時間、決まったお金にすごくしばられているということもありますが、伊藤さんと尾野さんがやっているように、学びたい人と教えてくれる人がもっと結びつくような新しいマッチングができる素地はすでにあるはずです。さきほどの小水力のネットワークも同じです。既存の大学も、そういった動きと一緒にやるようなことはもっとできるはずです。

あるいはオーストラリアなどは、大学は実質無料で、しかも所得に応じた出世払いです。中山間地域研究センターの有田研究員の分析では、中山間地域は大学の学費などの仕送りだけでも、ものすごくかかっています。そこが軽減できれば定住できる。教育についてもそうだし、介護についても、今、フルタイムのプロの人がみんなで世話するからコストが高くなるということもある。尾野さんがやっているように、いろいろな人ができる範囲で支え合う地域モデルをつくるとか、あるいは小水力でエネルギーの自給度を上げたり食料の自給度を上げたりして利回りを出すというようなことを新しい発想でやるべきではないか。

上から与えられた制度の中で教育とか年金をずっとやらされてきているところに問題があるのであって、もっと地元や市町村でそれを取り戻すようなことに、本当は仕事の問題も帰結するのではないかと非常に感じています。

小田切　最後に松永先生、コメントをお願いいたします。

日本のクリエイティブ・クラスは農山村、中山間地域に

松永　キーワードはやはり「仕事と遊び」ではないかと思います。もちろん両方必要だし、遊び的な要素が先立たないとたぶんやっていけない。これはどんな仕事でもそうかと思います。仕事と遊びというキーワードで考えると、今、アメリカには「クリエイティブ・クラス」という議論があります。本日登壇された地域を牽引するような人たちの職種以外でも、みんな仕事に楽しみが必要だと感じる層というのは確実に増えていて、柔軟な働き方を選んでいる。そんなクリエイティブ・クラスがアメ

リカの労働者のうちの3分の1を占めるに至っているといいます。

クリエイティブ・クラスは世界的な潮流だと言われていますが、階層論になってしまうので日本ではあまり注目されていませんが、今日のお話を聞いていて、おそらく3人の方は日本のクリエイティブ・クラスを代表する方たちだと思いました。この間、尾野さんとイタリアのスモールビジネスの調査をして、移民がどうやって自立していくかということなどを一緒に調べたりしたのですが、社会包摂的な仕事をつくっている。一言で職業を言い表せないけれども、クリエイティブ・クラスの人たちは先進国で確実に増えています。

日本が決定的に欧米と違うと感じるのは、その人たちが都市にいるのではなく、農山村、中山間地域にいるということが最大の特徴かと思います。アメリカは大都市にクリエイティブ・クラスがいるようですが、日本では中山間地域や離島などの条件不利地域にクリエイティブ・クラスがかかわっている。この現象は、たんにマイノリティーだけのテーマではなく、社会全体の、深い、何らかの価値観の変化の象徴ではないかと思いつつ今日のお話を聞かせていただきました。

したがって地方創生を考えるときに、地域で人口や出生率をどれだけ増やすという数字の話ではなくて、じつは一人一人の人生、ライフ、ワークということから考えなければいけないのではないかということも教えていただきました。どうもありがとうございました。

まとめ

論点整理——新しい人間像、仕事、社会の選択肢、中間支援について

小田切　ありがとうございました。すでに時間が過ぎておりますので、このパネルディスカッションの議論を手短かにまとめさせていただきます。

四つくらいの論点が出てきたのではないかと思います。その1番目は、今、松永先生におまとめいただいたように、日本の社会の一部に明らかに新しい人間像、クリエイティブ・クラスといった人びとが生まれているのではないかということです。脱成長をめざしている、肩に力が入っていない、あるいは非常にしなやかな生き方をしている——こんな共通点を持った新しい階層が生まれているのではないか。

そしてその新しいクラスは、農山村に親和性を持つ、あるいは都市と農山村をシームレスに考えるといった特徴を持っています。このシンポジウムが、ひょっとしたら本邦で初めてそこに切り込んだのかもしれませんが、そういう階層が生まれてくる背景等の実態解明はまだまだ十分ではないと思います。今後引き続き、検討と議論が必要かと思います。

論点の2番目は、そこでのいわゆる新しい仕事とは具体的にどのようなものかということです。ここでは四つの議論がありました。一つ目はいま「新しい仕事」と言いましたが、けっして仕事自体は新しいものではありません。伊藤さん得意の床張り（笑）が新しい仕事とは思えませんし、そういう意味では「継業」という言葉がありますが、そんな言葉で表現できる仕事なのかもしれません。

二つ目は、仕事を人単位で見たとき、異口同音にみなさんがおっしゃったのは、合わせ技、ナリワイ、掛け合わせということで、複数の所得源を操るという共通性を持っている。

三つ目は、議論にはあまりならなかったのですが、髙木さんの仕事、あるいは伊藤さんの仕事を見ても、仕事自体が人を呼んでいるところに新しいネットワークが登場するということが非常に大きな特徴だと思います。

そして四つ目、最後に出てきましたが、遊びと仕事が一体化しているということ、楽しくなければ仕事ではないということが貫かれている。農山村にはそうした特徴を持つ仕事が今、生まれつつある。そしてそこにこそ可能性があるということが、この場で明らかになったのではないかと思います。

そして論点の3番目としては、こうした新しい動きは注目されますが、それでもやはり課題は多いということです。何よりもマクロ的な課題は、このように若者の実態あるいは雰囲気が変わり始めているにもかかわらず、社会としての選択肢は必ずしも示されていないということです。この国の総理大臣は、アメリカで「経済、経済、経済」と叫んだと聞いていますが（笑）、そこでの「経済」や「成長」という路線とこの実態には非常に大きなすれ違いがあるのではないでしょうか。そういう意味では、本日示された選択肢をどのように社会の中に位置づけていくのか、教育や年金などのことも含めて、社会システムとセットでそれを議論することが求められていると思います。

そして4番目の論点は、こうした動きをどのように実現していくのか。登壇者の皆様から、これも異口同音に編集者、翻訳者、コーディネーター、あるいは中間支援という言葉が出てきて、その必要性が強調されました。どうも、私たちの地方創生のポイントはそこに絞られてきたようです。こうした仕事を実現し、安定化させるための中間支援機能をどのように農山村につくり出していくのか、こうした課題があらためて鮮明になったように思います。

このような実に多面的な課題が本日、私たちの目の前に並べられたことを皆様方と共有化し、このディスカッションを閉じたいと思います。（拍手）

解題・報告者紹介

小田切徳美（おだぎり　とくみ）　**明治大学農学部教授**

１９５９年、神奈川県生まれ。１９８８年、東京大学大学院農学研究科単位取得満期退学。東京大学農学部助教授などを経て２００６年から現職。

著書：『農山村再生の実践』（編著）農文協、２０１１年、『農山村再生に挑む』（編著）岩波書店、２０１３年、『地域再生のフロンティア―中国山地から始まる　この国の新しいかたち』（編著）、農文協、２０１３年、『農山村は消滅しない』岩波書店、２０１４年、『田園回帰の過去・現在・未来』（編著）、農文協、２０１６年、など。

藤山　浩（ふじやま　こう）　**島根県中山間地域研究センター研究統括監、島根県立大学連携大学院教授**

１９５９年、島根県生まれ。１９８２年一橋大学経済学部卒。２００８年博士（マネジメント）。（株）中国・地域づくりセンター主任研究員などを経て１９９８年、島根県中山間地域研究センター、２０１３年から現職。

著書：『中山間地域の「自立」と農商工連携―島根県中国山地の現状と課題』（共著）、新評論、２００９年、『地域再生のフロンティア―中国山地から始まる　この国の新しいかたち』（編著）、２０１３年、『田園回帰１％戦略』、農文協、２０１５年、など。

伊藤洋志（いとう　ひろし）　**「ナリワイ」代表**

１９７９年、香川県生出身。京都大学大学院農学研究科森林科学専攻修士課程修了。修士論文は参与観察研究による「職人技継承の条件」。零細ベンチャーの立ち上げ社員を経て２００７年から生活の中から生み出す頭と体が鍛えられて仲間が育つ仕事を「ナリワイ」と定義し、生活と仕事が一体化した個人のためのナリワイのモデルの開発と実践を行なう。東京と過疎地の熊野との二拠点居住。
著書：『ナリワイをつくる』、2012年、『フルサトをつくる』（共著）、2014年、監修『小商いのはじめかた』（監修）、2014年、いずれも東京書籍。

尾野寛明（おの　ひろあき）　**有限会社エコカレッジ代表取締役、NPO法人てごねっと石見副理事長**

1982年、埼玉県生まれ。一橋大学大学院商学研究科博士課程単位取得退学。修士（商学）。専門は地域産業論。地方の現場における実証実験を通じて地域社会のあり方を研究。「無理しない地域づくり」を掲げ、新たな担い手を発掘する地域づくりを全国各地で運営する。
著書：『ローカルに生きる　ソーシャルに働く』（共著）、2016年、農文協。

髙木千歩（たかぎ　ちほ）　**株式会社YELL取締役**

1973年、新潟県生まれ。成蹊大学日本文学部卒業後、繊維商社営業事務、新卒採用アウトソーシング会社営業、IT／コールセンター会社プロジェクトマネージャーを経て、2011年10月、十日町市地域おこし協力隊。2014年株式会社YELL、ALEbeer&pizza開店。

シンポジウム企画：特定非営利活動法人中山間地域フォーラム

中山間地域の再生をめざすネットワークの形成、シンポジウム・研究会の開催、地域支援、人材育成、政策提言、情報発信を活動の柱とし、さまざまな分野の専門家や経験豊かな実務家で構成する産・学・民・官のゆるやかなネットワーク。

解題・報告者

小田切徳美	明治大学農学部教授
藤山　　浩	島根県中山間地域研究センター研究統括監、島根県立大学連携大学院教授
伊藤　洋志	「ナリワイ」代表
尾野　寛明	有限会社エコカレッジ代表取締役、NPO法人てごねっと石見副理事長
髙木　千歩	株式会社YELL取締役

農村×都市=ナリワイ

日本のクリエイティブ・クラス

2016年9月15日　第1刷発行

著者　小田切徳美・藤山浩・伊藤洋志・尾野寛明・髙木千歩
企画　特定非営利活動法人　中山間地域フォーラム

発行所　一般社団法人　農山漁村文化協会
〒107-8668　東京都港区赤坂7丁目6-1
電話　03（3585）1141（営業）　03（3585）1145（編集）
FAX　03（3585）3668　　振替　00120-3-144478
URL　http://www.ruralnet.or.jp/

ISBN978-4-540-15218-4

DTP制作／㈱農文協プロダクション
印刷／㈱新協　製本／根本製本㈱
乱丁・落丁本はお取り替えいたします。

季刊地域 バックナンバーのご案内

定価926円（税込）

No.⑩ 2012年 夏号
「人・農地プラン」を農家減らしのプランにしない

No.⑪ 2012年 秋号
地エネ時代―農村力発電いよいよ祭の復活と継承

No.⑫ 2013年 冬号
薪で元気になる！
買い物不便なむらが立ち上がる

No.⑬ 2013年 春号
地あぶら・廃油・ガソリンスタンド
アベノミクスとTPP・道州制

No.⑭ 2013年 夏号
農村はアベノミクスにだまされない／葬式をむらに取りもどす／もっと使える水の力

No.⑮ 2013年 秋号
獣の恵み 皮・角・肉を利用する
農家・農村は企業とどうつきあうか

No.⑯ 2014年 冬号
ドブロクこそ規制緩和を
山、見て見ぬふりをやめるとき

No.⑰ 2014年 春号
「むらの婚活」がアツい
飼料米―地域の所得アップにつなげたい

No.⑱ 2014年 夏号
地域おこし協力隊をむらにとりこむ／新農政改革

No.⑲ 2014年 秋号
地域資源だ 荒れ地のカヤ
「木は切ってもカネにならない」は本当か？

No.⑳ 2015年 冬号
米価下落に反撃開始！
お米の流通読本2015

No.㉑ 2015年 春号
草刈りを担うのは誰だ
廃校にさせてたまるか

No.㉒ 2015年 夏号
にぎやかなむらに！
空き家徹底活用ガイド
荒れた竹林、何とかするぞ！

No.㉓ 2015年 秋号
地ワイン・地ビール・地酒
日本列島ほろ酔い自給圏構想
山の仕事で田園回帰

No.㉔ 2016年 冬号
熱エネあったか自給圏構想
熱エネ代流出を止める

No.㉕ 2016年 春号
田舎でのパンとピザの可能性

No.㉖ 2016年 夏号
小農の使命―むらに農家をふやすこと
小農からの意見／大規模農家からの意見／集落営農からの意見／小農的就農、応援のノウハウ

一般社団法人 農山漁村文化協会
〒107-8668 東京都港区赤坂7-6-1
注文専用フリーダイヤル TEL. 0120-582-346 FAX. 0120-133-730